油田企业岗位技能操作标准化培训教程

基础技能

张吉德◎主编

中国石化出版社

图书在版编目（CIP）数据

基础技能/张吉德主编．—北京：中国石化出版社，2021.5（2021.12 重印）
油田企业岗位技能操作标准化培训教程
ISBN 978-7-5114-6268-8

Ⅰ．①基…　Ⅱ．①张…　Ⅲ．①石油企业-职业技能-技术培训-教材　Ⅳ．①F407.22

中国版本图书馆 CIP 数据核字（2021）第 087862 号

中国石化出版社出版发行
地址：北京市东城区安定门外大街 58 号
邮编：100011　电话：(010)57512500
发行部电话：(010)57512575
http://www.sinopec-press.com
E-mail:press@sinopec.com
北京柏力行彩印有限公司印刷
全国各地新华书店经销
*
787×1092 毫米 16 开本 15.25 印张 381 千字
2021 年 12 月第 1 版　2021 年 12 月第 2 次印刷
定价：98.00 元

前　言

当前，中国石化西北油田分公司(以下简称“西北油田”)已迈入持续高质量发展的新征程。在改革发展的新起点、新征程上，人才是促进产业经济发展最重要的资源，因此要走好高质量发展之路，就必须对涵养好人才这一“源头活水”提出更高的要求。

为持续推进西北油田人才供给侧改革，全面实施人才强企工程和“3367”人才培养工程，本书为满足西北油田员工培训、职业技能鉴定、职业技能竞赛、验证式考核的实际需求，结合西北油田技能人才队伍建设规划，人力资源部及西北石油职业技能鉴定站以通用性、技术性、先进性、安全性、可操作性为原则，组织采油一厂、采油二厂、采油三厂、雅克拉采气厂编写了《油田企业岗位技能操作标准化培训教程》，对进一步提高技能操作人员专业知识和专业能力，打造一支适应新形式下油公司发展目标的技能人才队伍，不断提升技能人才能力素质，具有较强的现场实际操作性指导作用。

本书的编写以“国家石油石化行业职业资格标准”为依据，同时结合西北油田现场生产运行、装备技术更新等实际情况，与公开出版的《石油石化职业技能培训教程》保持一致。培训教程内容包含初级工、中级工、高级工各级别操作标准，既可以用于员工岗前技能培训，也可用于职业技能鉴定和自我技能水平提升。

本书在编写过程中得到了西北油田各级领导的关心关怀以及各单

位的大力支持和帮助，尤其是毛谦明、张吉德、赵志刚、于学红、许发明、王娜等同志提出了大量的指导建议。同时，也得到了许多关心和支持西北油田技能操作人才队伍建设和发展的同仁的鼓励和宝贵意见，有力保证了本书的编撰，在此一并表示衷心的感谢！

由于编写人员水平有限，加之时间仓促，书中难免存在不妥之处，敬请广大读者批评指正。

目　录

初　级　工

中　级　工

高　级　工

初级工

一、检查更换压力表操作

1. 压力表类型

(1) 压力表的种类很多，常用压力测量仪表有弹簧管式压力表、电接点压力表、远传压力表和传感式压力表。

(2) 压力测量范围广(0.1~100MPa)，精度等级有1级、1.5级、2.5级，对振动较大的场所必须使用耐震型压力表。

2. 考核要求

(1) 必须穿戴劳动保护用品。

(2) 工具、用具准备齐全，正确使用。

(3) 操作规程符合安全文明操作。

(4) 按规定完成操作项目，质量达到技术要求。

(5) 操作完毕，做到"工完、料净、场地清"。

3. 准备要求

(1) 设备准备：

序号	名称	规格	数量	备注
1	流程		1套	

(2) 材料准备：

序号	名称	规格	数量	备注
1	大布		1块	
2	手套		1副	
3	报表		1张	
4	笔		1支	
5	生料带		1卷	

(3) 工具、用具准备：

序号	名称	规格	数量	备注
1	开口扳手	17~19	1把	
2	压力表		1块	

续表

序号	名称	规格	数量	备注
3	污油桶		1个	
4	通针		1个	
5	活动扳手	250mm	1把	

4. 操作程序说明

1）检查工具、用具

（1）检查新压力表量程符合要求，有合格证，在校验有效期内，表盘完好，刻度清晰，指针落零，铅封及外观完好。

（2）检查工具、用具，须符合本次操作使用要求。

2）更换压力表

（1）记录压力参数。

（2）关闭压力表控制阀。

（3）泄压。

（4）拆卸压力表。

（5）清洁压力表接头、导压孔。

（6）新压力表缠绕生料带。

（7）安装新压力表。

（8）关泄压阀。

（9）缓慢打开压力表控制阀。

（10）读取压力。

（11）回收工具，清理现场。

3）填写报表

记录参数，填写报表。

5. 考核规定说明

（1）如发现操作过程中可能发生重大违章（如人身伤害、环境污染、设备损坏等），将取消操作。

（2）考核采用百分制，考核项目得分按鉴定比重进行折算。

（3）考核方式说明：本项目为实际操作题，考核过程按评分标准及操作过程进行评分。

（4）考评技能说明：本项目主要测试考生对压力表的检查与更换操作技能掌握的熟练程度。

6. 考核时限

（1）准备工作：1min（不计入考核时间）。

（2）正式操作时间：8min。

（3）提前完成操作不加分，到时终止操作。

7. 评分记录表

检查更换压力表操作评分记录表

操作时间：8min　　考生：　　操作用时：

序号	考核内容	操作规程	评分要素	评分标准	配分	扣分	得分
1	准备	1. 穿戴好劳动保护用品； 2. 开口扳手、压力表、污油桶、大布、手套、报表、笔、生料带、通针、活动扳手； 3. 检查新压力表量程符合要求，有合格证，在校验有效期内，表盘完好，刻度清晰，指针落零，铅封及外观完好	准备工具、量具、用具，正确选择压力表	1. 劳保穿戴不整齐扣5分； 2. 未准备工具扣5分，多、少一件扣1分	15		
2	更换压力表	1. 记录压力参数； 2. 关闭压力表控制阀； 3. 泄压； 4. 拆卸压力表； 5. 清洁压力表接头、导压孔； 6. 新压力表缠绕生料带； 7. 安装新压力表； 8. 关泄压阀； 9. 缓慢打开压力表控制阀； 10. 读取压力参数，要求三点一线读值：眼睛、指针、刻度线； 11. 回收工具，清理现场	规范操作	1. 未记录更换前压力扣2分； 2. 未关严控制阀扣10分； 3. 未泄压扣20分； 4. 拆卸方法不规范扣5分； 5. 未清洁表接头扣2分、未清洁疏通导压孔5分； 6. 未缠生料带扣5分，方向缠错扣3分； 7. 安装方法不规范扣5分； 8. 未关泄压阀扣10分； 9. 未缓慢打开控制阀扣5分，未全开控制阀扣2分； 10. 未读取换后压力扣5分，读取方法不正确扣3分； 11. 少收一件扣1分，未清理现场扣2分	80		
3	填写报表	记录参数，填写报表	正确填写报表	少记录一项扣1分，错误一处扣2分	5		
4	安全文明操作	1. 遵守国家或企业有关的安全规定； 2. 操作过程中严格遵守“四不伤害”原则	遵守国家或企业有关安全规定	1. 每违反一项规定，从总分中扣5分； 2. 严重违规取消考核； 3. 因操作不当造成人身伤害，从总分中扣20分； 4. 工具、用具使用不当，每次从总分中扣2分，最多扣20分			
备注							
合计					100		

考评员：　　核分员：　　年　月　日

二、常用阀门识别操作

1. 考核要求

(1) 必须穿戴劳动保护用品。
(2) 工具、用具准备齐全，正确使用。
(3) 操作规程符合安全文明操作。
(4) 按规定完成操作项目，质量达到技术要求。
(5) 操作完毕，做到“工完、料净、场地清”。

2. 准备要求

(1) 设备准备：

序号	名称	规格	数量	备注
1	阀门	各种类型	各1个	

(2) 材料准备：

序号	名称	规格	数量	备注
1	纸		1张	
2	笔		1支	

(3) 工具、量具、用具准备：

序号	名称	规格	数量	备注
1	钢卷尺	2m	1把	
2	游标卡尺	300mm	1把	

3. 考核规定说明

阀门识别操作：
(1) 考评员指定2~3种类型的阀门，根据要求进行识别。
(2) 使用量具，测取阀门两端间距及法兰规格、大小等数据。

4. 操作考核依据标准

1) 阀门字母、代号含义识别
(1) 一单元——阀门类型代号：

类　型	安全阀	蝶阀	隔膜阀	止回阀	截止阀	节流阀	排污阀	球阀	疏水阀	柱塞阀	旋塞阀	减压阀	闸阀
代　号	A	D	G	H	J	L	P	Q	S	U	X	Y	Z

注：当阀门还具有其他功能作用或带有其他特异结构时，在阀门类型代号前再加注一个汉语拼音字母，如下表所示。

第二功能作用名称	代　号	第二功能作用名称	代　号
保温型	B	排渣型	P
低温型	D	快速型	Q
防火型	F	(阀杆密封)波纹管型	W
缓闭型	H	—	—

注：低温型指允许使用温度低于-46℃以下的阀门。

(2) 二单元——驱动方式代号：

传动方式	电磁动	电磁-液动	电-液动	蜗轮	正齿轮	伞齿轮	气动	液动	气-液动	电动	手柄手轮
代　号	0	1	2	3	4	5	6	7	8	9	无代号

注：安全阀、减压阀、疏水阀、手轮直接连接阀杆操作结构形式的阀门，本代号省略，不表示；对于气动或液动机构操作的阀门，常开式用6K、7K表示，常闭式用6B、7B表示，防爆电动装置的阀门用9B表示。

(3) 三单元——连接形式代号：

连接方式	内螺纹	外螺纹	两不同连接	法兰	焊接	对夹	卡箍	卡套
代　号	1	2	3	4	6	7	8	9

(4) 四单元——结构形式代号。

① 闸阀结构形式代号：

<table>
<tr><th colspan="4">结构形式</th><th>代　号</th></tr>
<tr><td rowspan="5">阀杆升降式
(明杆)</td><td rowspan="3">楔式闸板</td><td colspan="2">弹性闸板</td><td>0</td></tr>
<tr><td rowspan="8">刚性闸板</td><td>单闸板</td><td>1</td></tr>
<tr><td>双闸板</td><td>2</td></tr>
<tr><td rowspan="2">平行式闸板</td><td>单闸板</td><td>3</td></tr>
<tr><td>双闸板</td><td>4</td></tr>
<tr><td rowspan="4">阀杆非升降式
(暗杆)</td><td rowspan="2">楔式闸板</td><td>单闸板</td><td>5</td></tr>
<tr><td>双闸板</td><td>6</td></tr>
<tr><td rowspan="2">平行式闸板</td><td>单闸板</td><td>7</td></tr>
<tr><td>双闸板</td><td>8</td></tr>
</table>

② 截止阀、节流阀和柱塞阀结构形式代号：

结构形式		代号	结构形式		代号
阀瓣非平衡式	直通流道	1	阀瓣平衡式	直通流道	6
	Z形流道	2		角式流道	7
	三通流道	3		—	—
	角式流道	4		—	—
	直流流道	5		—	—

③ 球阀结构形式代号：

结构形式		代号	结构形式		代号
浮动球	直通流道	1	固定球	直通流道	7
	Y形三通流道	2		四通流道	6
	L形三通流道	4		T形三通流道	8
	T形三通流道	5		L形三通流道	9
	—	—		半球直通	0

④ 蝶阀结构形式代号：

结构形式		代号	结构形式		代号
密封型	单偏心	0	非密封型	单偏心	5
	中心垂直板	1		中心垂直板	6
	双偏心	2		双偏心	7
	三偏心	3		三偏心	8
	连杆机构	4		连杆机构	9

⑤ 隔膜阀结构形式代号：

结构形式	代号	结构形式	代号
屋脊流道	1	直通流道	6
直流流道	5	Y形角式流道	8

⑥ 旋塞阀结构形式代号：

结构形式		代　号	结构形式		代　号
填料密封	直通流道	3	油密封	直通流道	7
	T形三通流道	4		T形三通流道	8
	四通流道	5		—	—

⑦ 止回阀结构形式代号：

结构形式		代　号	结构形式		代　号
升降式阀瓣	直通流道	1	旋启式阀瓣	单瓣结构	4
	立式结构	2		多瓣结构	5
	角式流道	3		双瓣结构	6
—	—	—	蝶形止回式		7

⑧ 安全阀结构形式代号：

结构形式		代　号	结构形式		代　号
弹簧载荷弹簧密封结构	带散热片全启式	0	弹簧载荷弹簧不封闭且带扳手结构	微启式、双联阀	3
	微启式	1		微启式	7
	全启式	2		全启式	8
	带扳手全启式	4		—	—
杠杆式	单杠杆	2	带控制机构全启式		6
	双杠杆	4	脉冲式		9

⑨ 减压阀结构形式代号：

结构形式	代　号	结构形式	代　号
薄膜式	1	波纹管式	4
弹簧薄膜式	2	杠杆式	5
活塞式	3	—	—

⑩ 蒸汽疏水阀结构形式代号：

结构形式	代　号	结构形式	代　号
浮球式	1	蒸汽压力式或膜盒式	6
浮桶式	3	双金属片式	7
液体或固体膨胀式	4	脉冲式	8
钟形浮子式	5	圆盘热动力式	9

⑪ 排污阀结构形式代号：

结构形式		代　号	结构形式		代　号
液面连接排放	截止型直通式	1	液底间断排放	截止型直流式	5
	截止型角式	2		截止型直通式	6
	—	—		截止型角式	7
	—	—		浮动闸板型直通式	8

（5）五单元——密封面材料或衬里材料代号：

材 料	锡基轴承合金巴氏合金	搪	渗氮钢	18-8系不锈钢	氟塑料	玻璃	Cr13不锈钢	衬胶	蒙乃尔合金	尼龙塑料	渗硼钢	衬铅	Mo2Ti不锈钢	塑料	铜合金	橡胶	硬质合金	阀体直接加工
代 号	B	C	D	E	F	G	H	J	M	N	P	Q	R	S	T	X	Y	W

（6）六单元——压力代号或工作温度下的工作压力代号。

数值用阿拉伯数字直接表示，单位是 10^{-1}MPa。

（7）七单元——阀体材料代号：

阀体材料	钛及钛合金	碳钢	Cr13系不锈钢	铬钼钢	可锻铸铁	铝合金	18-8系不锈钢	球墨铸铁	Mo2Ti系不锈钢	塑料	铜及铜合金	铬钼钒钢	灰铸铁
代　号	A	C	H	I	K	L	P	Q	R	S	T	V	Z

2）填写报表，收拾工具

（1）填写《常用阀门关键数据信息表》，描述所选阀门规格型号、公称压力、公称通径、孔数、两法兰之间的距离及用途等信息。

（2）收拾清洁工具。

5. 考核规定说明

（1）如操作违章，将停止考核。

（2）考核采用百分制，考核项目得分按鉴定比重进行折算。

（3）考核方式说明：本项目为实际操作题，考核过程按评分标准及操作过程进行评分。

（4）考核技能说明：本项目主要测试考生对常用阀门识别掌握的熟练程度。

6. 考核时限

（1）准备工作：1min（不计入考核时间）。

（2）正式操作时间：15min。

（3）提前完成操作不加分，每超过 1min 从总分中扣 2 分，总超时 5min 停止工作，按完成项进行评分。

7. 评分记录表

常用阀门识别操作评分记录表

操作时间：15min　　　　考生：　　　　操作用时：

序号	考核内容	操作规程	评分要素	评分标准	配分	扣分	得分
1	工具准备	1. 穿戴好劳动保护用品； 2. 纸、笔、钢卷尺、游标卡尺	准备工具、量量、用具	1. 劳保穿戴不整齐扣5分； 2. 未准备工具扣5分，多、少一件扣1分	5		
2	阀门识别操作	1. 考评员指定2~3种类型的阀门，根据要求进行识别； 2. 使用量具测取阀门两端间距及法兰规格大小等数据	规范识别	1. 阀门各单元字母、代号含义识别，写错一处扣10分； 2. 未测阀门法兰两端间距扣10分，尺寸误差控制在±2mm，超出范围扣5分，法兰孔数漏填、错填扣10分	85		
3	工具收回，做好记录	1. 填写《常用阀门关键数据信息表》，描述所选阀门规格型号、性能、公称压力、公称直径、孔数、两法兰之间的距离及用途等信息； 2. 收拾清洁工具	规范整理	1. 填写报表，未填写扣5分，少填写一处扣1分； 2. 未清洁工具扣2分，回收工具少一件扣1分	10		
4	安全文明操作	1. 遵守国家或企业有关安全规定； 2. 操作过程中严格遵守“四不伤害”原则	遵守国家或企业有关安全规定	1. 每违反一项规定，从总分中扣5分； 2. 严重违规取消考核； 3. 因操作不当造成人身伤害，从总分中扣20分； 4. 工具、用具使用不当，每次从总分中扣2分，最多扣20分			
备注							
合计					100		

考评员：　　　　核分员：　　　　年　月　日

8. 附表

常用阀门关键数据信息表

序号	阀门型号	生产厂家	公称直径/mm	公称压力/MPa	法兰两端面最大距离/mm	法兰孔数	连接方式	备注
1								
2								
3								
4								

三、常用阀门的日常维护保养操作

1. 考核要求

(1) 必须穿戴劳动保护用品。
(2) 工具、用具准备齐全，正确使用。
(3) 操作规程符合安全文明操作。
(4) 按规定完成操作项目，质量达到技术要求。
(5) 操作完毕，做到“工完、料净、场地清”。

2. 准备要求

(1) 设备准备：

序　号	名　称	规　格	数　量	备　注
1	阀门		1个	

(2) 材料准备：

序　号	名　称	规　格	数　量	备　注
1	润滑脂		1桶	
2	大布		2块	
3	手套		1副	
4	盘根		1卷	
5	砂纸	细	1张	
6	报表		1张	

(3) 工具、量具、用具准备：

序　号	名　称	规　格	数　量	备　注
1	梅花扳手		1套	
2	F扳手	300mm	1把	
3	平口起子		1个	
4	注脂枪		1把	
5	笔		1支	

3. 操作程序说明

此项操作以中压闸板阀为例。

1）阀门的外观检查

（1）铭牌清晰完好，核对参数确保满足生产需要。

（2）阀体、压盖无裂纹、砂眼。

（3）手轮或手柄完好，开关灵活，丝杆无变形、清洁。

（4）盘根压盖松紧合适，无渗漏。

（5）连接法兰螺栓对称均匀、紧固，露头 2~5 扣，螺栓规格符合安全规范。

（6）连接法兰处无渗漏，清洁。

（7）黄油嘴完好，灵活好用。

2）阀门的日常维护保养

（1）清洁阀杆，确保无锈蚀，涂抹黄油并安装防尘套。

（2）使用注脂枪注适量润滑脂。

（3）调整填料压盖松紧度。

（4）口述：对于填料处漏失严重且压盖已紧固到位的，必须重新彻底更换填料。

（5）口述：对连接法兰处存在漏失进行适当紧固，若漏失严重且紧固无效的则必须拆除法兰垫片，重新更换新的法兰垫片，更换后必须进行试压，试压压力为设计压力的 1.25 倍。

（6）对手轮进行清洁。

3）安全注意事项

（1）开关阀门过程遇卡时不得强开强关，应查明原因加以整改。

（2）每季度注黄油一次，确保丝杆润滑良好，不常开关阀门至少每月开关一次。

（3）每开关一次阀门，必须对丝杆处进行清污，重新涂抹黄油。

（4）运行压力不得超过设计压力。

（5）闸板阀使用时必须全开或全关，不能用闸板调节流量。

4）填写报表、清理场地

（1）填写报表，确认无误后双方填写交接记录。

（2）回收工具用具，清理场地。

4. 考核规定说明

（1）如操作违章，将停止考核。

（2）考核采用百分制，考核项目得分按鉴定比重进行折算。

（3）考核方式说明：本项目为实际操作题，考核过程按评分标准及操作过程进行评分。

（4）考核技能说明：本项目主要测试考生对常用阀门的日常维护保养掌握的熟练程度。

5. 考核时限

（1）准备工作：1min（不计入考核时间）。

（2）正式操作时间：10min。

（3）提前完成操作不加分，每超过 1min 从总分中扣 2 分，总超时 5min 停止工作，按完成项进行评分。

6. 评分记录表

常用阀门的日常维护保养操作评分记录表

操作时间：10min　　　　考生：　　　　操作用时：

序号	考核内容	操作规程	评分要素	评分标准	配分	扣分	得分
1	工具准备	1. 穿戴好劳动保护用品； 2. 阀门、黄油、大布、手套、石棉绳、砂纸、梅花扳手、F 扳手、平口起子、注脂枪、笔、报表	工具准备	1. 劳保穿戴不整齐扣 5 分； 2. 未准备工具扣 5 分，多、少一件扣 1 分	5		
2	阀门的外观检查	1. 铭牌清晰完好，核对参数确保满足生产需要； 2. 阀体、压盖无裂纹、砂眼； 3. 手轮或手柄完好，开关灵活，丝杆无变形、清洁； 4. 盘根压盖松紧合适，无渗漏； 5. 连接法兰螺栓对称均匀、紧固，露头 2～5 扣，螺栓规格符合安全规范； 6. 连接法兰处无渗漏，清洁； 7. 黄油嘴连接完好，灵活好用	规范检查	1. 未检查铭牌扣 5 分； 2. 未检查阀体、压盖无裂纹、砂眼，少一处扣 5 分； 3. 未检查手轮或手柄扣 2 分； 4. 未检查盘根压盖松紧程度扣 5 分； 5. 未检查螺栓是否对称均匀、紧固，少一处扣 5 分；未检查丝扣露头扣 2 分； 6. 未检查法兰连接密封情况扣 5 分； 7. 未检查黄油嘴扣 5 分	40		
3	阀门的日常维护保养	1. 清洁阀杆，确保无锈蚀，涂抹黄油并安装防尘套； 2. 使用注脂枪注适量润滑脂； 3. 调整填料压盖松紧度； 4. 口述：对于填料处漏失严重且压盖已紧固到位的，必须重新彻底更换填料； 5. 口述：对连接法兰处存在漏失进行适当紧固，若漏失严重且紧固无效的则必须拆除法兰垫片，重新更换新的法兰垫片，更换后必须进行试压，试压压力为设计压力的 1.25 倍； 6. 对手轮进行清洁	规范操作	1. 未清洁丝杆扣 5 分，未涂抹黄油扣 3 分，未安装防尘套扣 2 分； 2. 未注脂扣 5 分； 3. 未调整填料松紧程度扣 5 分； 4. 口述：对于填料处漏失严重且压盖已紧固到位的，未更换填料的扣 5 分； 5. 口述：对连接法兰处存在漏失不整改的扣 5 分，未口述重新试压的扣 5 分，不知道试压标准的扣 5 分； 6. 未对手轮进行清洁扣 2 分	40		

续表

序号	考核内容	操作规程	评分要素	评分标准	配分	扣分	得分
4	安全注意事项	1. 开关阀门过程遇卡时不得强开强关，应查明原因加以整改； 2. 每季度注黄油一次，确保丝杆润滑良好，不常动阀门至少每月开关一次； 3. 每开关一次阀门，必须对丝杆处进行清污，重新涂抹黄油； 4. 运行压力不得超过设计压力； 5. 闸板阀使用时必须全开或全关，不能用闸板调节流量	安全规范	口述每少一项扣2分	10		
5	工具收回，做好记录	1. 填写报表，确认无误后双方填写交接记录； 2. 回收工具、用具，清理场地	收拾工具，清理场地	1. 填写报表，每少一项扣1分； 2. 不清洁工具、用具扣2分，少收一件扣1分	5		
6	安全文明操作	1. 遵守国家或企业有关安全规定； 2. 操作过程中严格遵守“四不伤害”原则	遵守国家或企业有关安全规定	1. 每违反一项规定，从总分中扣5分； 2. 严重违规取消考核； 3. 因操作不当造成人身伤害，从总分中扣20分； 4. 工具、用具使用不当，每次从总分中扣2分，最多扣20分			
备注							
合　计					100		

考评员：　　　　核分员：　　　　年　月　日

四、8kg 干粉灭火器的检查与操作

1. 干粉灭火器规格

(1) 目前常用的干粉灭火器有 8kg、35kg 推车式。

(2) 主要适用于扑救石油及其制品、可燃液体、气体、固体及电气设备引发的初期火灾。

2. 考核要求

(1) 必须穿戴劳动保护用品。
(2) 工具、用具准备齐全，正确使用。
(3) 操作规程符合安全文明操作。
(4) 按规定完成操作项目，质量达到技术要求。
(5) 操作完毕，做到“工完、料净、场地清”。

3. 准备要求

(1) 设备准备：

序　号	名　称	规　格	数　量	备　注
1	模拟火源		1 处	

(2) 材料准备：

序　号	名　称	规　格	数　量	备　注
1	手套		1 副	
2	笔		1 支	
3	使用记录卡		1 张	

(3) 工具、用具准备：

序　号	名　称	规　格	数　量	备　注
1	干粉灭火器	8kg	2 具	

4. 操作程序说明

1) 操作前检查

(1) 检查校验标签是否在有效期内。

(2) 检查压力是否合格。

(3) 检查铅封、筒体、导管及各连接部位是否完好。

2) 正确使用灭火器

(1) 当发生险情时，手提灭火器上下晃动(防止干粉结块)跑向火场。

(2) 判断风向，选择上风口。

(3) 距离火源3~5m处，放下灭火器，拔下保险销。

(4) 一手握紧喷嘴，另一手压下压把，对准火焰根部左右扫射，直至火焰熄灭。

(5) 继续观察，防止复燃。

3) 填写卡片、清理场地

(1) 回收工具，清理现场。

(2) 填写使用记录卡片。

5. 考核规定说明

(1) 如发现操作过程中可能发生重大违章(如人身伤害、环境污染、设备损坏等)，将取消操作。

(2) 考核采用百分制，考核项目得分按鉴定比重进行折算。

(3) 考核方式说明：本项目为实际操作题，考核过程按评分标准及操作过程进行评分。

(4) 考评技能说明：本项目主要测试考生对8kg干粉灭火器的检查与使用操作技能掌握的熟练程度。

6. 考核时限

(1) 准备工作：1min(不计入考核时间)。

(2) 正式操作时间：8min。

(3) 提前完成操作不加分，到时终止操作考核。

7. 评分记录表

8kg干粉灭火器的检查与操作评分记录表

操作时间：8min　　　　考生：　　　　操作用时：

序号	考核内容	操作规程	评分要素	评分标准	配分	扣分	得分
1	准备	1. 穿戴好劳动保护用品； 2. 笔、使用记录卡、手套、8kg干粉灭火器	准备工具、用具	1. 劳保穿戴不整齐扣5分； 2. 未准备工具扣5分，多、少一件扣1分	5		
2	操作前检查	1. 检查校验标签是否在有效期内； 2. 检查压力是否合格； 3. 检查铅封、筒体、导管及各连接部位是否完好	正确检查	1. 未检查校验标签扣10分； 2. 未检查压力扣10分； 3. 铅封、筒体、导管及各连接部位少检查一项扣2分	30		

续表

序号	考核内容	操作规程	评分要素	评分标准	配分	扣分	得分
3	正确使用灭火器	1. 当发生险情时，手提灭火器上下晃动（防止干粉结块）跑向火场； 2. 判断风向，选择上风口； 3. 距离火源 3～5m 处，放下灭火器，拔下保险销； 4. 一手握紧喷嘴，另一手压下压把，对准火焰根部左右扫射，直至火焰熄灭； 5. 继续观察，防止复燃	正确使用	1. 未上下晃动灭火器扣 5 分； 2. 未站在上风口扣 20 分； 3. 安全距离不符合要求扣 5 分，未拔下安全销按压把扣 2 分； 4. 操作过程不规范，一次扣 3 分；未对准火焰根部扣 10 分； 5. 未确认灭火效果扣 5 分，出现复燃扣 2 分	60		
4	清理现场，填写卡片	1. 回收工具，清理现场； 2. 填写使用记录卡片	清理现场规范填写	1. 未回收工具和清理现场扣 2 分； 2. 未填写使用记录卡片扣 3 分	5		
5	安全文明操作	1. 遵守国家或企业有关安全规定； 2. 操作过程中严格遵守“四不伤害”原则	遵守国家或企业有关安全规定	1. 每违反一项规定，从总分中扣 5 分； 2. 严重违规取消考核； 3. 因操作不当造成人身伤害，从总分中扣 20 分； 4. 工具、用具使用不当，每次从总分中扣 2 分，最多扣 20 分			
备注							
合计					100		

考评员： 核分员： 年 月 日

五、CO_2灭火器使用操作

1. CO_2灭火器规格

(1) CO_2灭火器有开关式和闸刀式两种。

(2) CO_2灭火器灭火不留痕迹，并具有一定的电绝缘性能，可适用于扑救600V以下电气设备、贵重设备、精密仪器、文件档案等场所的初期火灾，主要适用于室内电气着火。

2. 考核要求

(1) 必须穿戴劳动保护用品。

(2) 工具、用具准备齐全，正确使用。

(3) 操作规程符合安全文明操作。

(4) 按规定完成操作项目，质量达到技术要求。

(5) 操作完毕，做到“工完、料净、场地清”。

3. 准备要求

(1) 设备准备：

序号	名称	规格	数量	备注
1	模拟火源		1处	

(2) 材料准备：

序号	名称	规格	数量	备注
1	棉手套		1副	
2	笔		1支	
3	使用记录卡片		1张	

(3) 工具、用具准备：

序号	名称	规格	数量	备注
1	CO_2灭火器	8kg	2具	

4. 操作程序说明

1) 操作前检查

(1) 检查校验标签是否在有效期内。

(2) 检查称重是否合格。

(3) 检查铅封、筒体、导管及各连接部位是否完好。

2) 正确使用灭火器

(1) 当发生险情时，手提灭火器跑向火场。

(2) 切断电源。

(3) 选择合适位置。

(4) 距离火源 2~3m 处放下灭火器，拔下保险销。

(5) 一手握紧喷嘴，另一手压下压把，对准火焰喷射，直至火焰熄灭。

(6) 灭火后迅速撤离，防止窒息。

3) 填写卡片、清理场地

(1) 待 CO_2气体消散后，回收工具，清理现场。

(2) 填写使用记录卡片。

5. 考核规定说明

(1) 如发现操作过程中可能发生重大违章(如人身伤害、环境污染、设备损坏等)，将取消操作。

(2) 考核采用百分制，考核项目得分按鉴定比重进行折算。

(3) 考核方式说明：本项目为实际操作题，考核过程按评分标准及操作过程进行评分。

(4)考评技能说明：本项目主要测试考生对 CO_2灭火器的检查与使用操作技能掌握的熟练程度。

6. 考核时限

(1) 准备工作：1min(不计入考核时间)。

(2) 正式操作时间：8min。

(3) 提前完成操作不加分，到时终止操作考核。

7. 评分记录表

CO_2灭火器使用操作评分记录表

操作时间：8min　　　　考生：　　　　操作用时：

序号	考核内容	操作规程	评分要素	评分标准	配分	扣分	得分
1	准备	1. 穿戴好劳动保护用品； 2. 笔、使用记录卡片、棉手套、CO_2灭火器	准备工具、用具	1. 劳保穿戴不整齐扣 5 分； 2. 未准备工具扣 5 分，多、少一件扣 1 分	5		
2	操作前检查	1. 检查校验标签是否在有效期内； 2. 检查称重是否合格； 3. 检查铅封、筒体、导管及各连接部位是否完好	正确检查	1. 未检查校验标签扣 10 分； 2. 未称重扣 10 分； 3. 铅封、筒体、导管及各连接部位少检查一项扣 2 分	30		

续表

序号	考核内容	操作规程	评分要素	评分标准	配分	扣分	得分
3	正确使用灭火器	1. 当发生险情时，手提灭火器跑向火场； 2. 切断电源； 3. 选择合适位置； 4. 距离火源 2～3m 处放下灭火器，拔下保险销； 5. 一手握紧喷嘴，另一手压下压把，对准火焰根部左右扫射，直至火焰熄灭； 6. 灭火后迅速撤离，防止窒息	正确使用	1. 未切断电源扣 20 分； 2. 位置选择不合适扣 10 分； 3. 安全距离不符合要求扣 5 分，未拔下安全销按压把扣 2 分； 4. 操作过程不规范，一处扣 3 分；未对准火焰喷射扣 5 分； 5. 未迅速撤离扣 10 分	60		
4	清理现场，填写卡片	1. 回收工具，清理现场； 2. 填写使用记录卡片	清理现场、规范填写	1. 未确认待 CO_2 气体消散回收工具扣 5 分，未清理现场扣 2 分； 2. 未填写使用记录卡片扣 3 分	5		
5	安全文明操作	1. 遵守国家或企业有关安全规定； 2. 操作过程中严格遵守“四不伤害”原则	遵守国家或企业有关安全规定	1. 每违反一项规定，从总分中扣 5 分； 2. 严重违规取消考核； 3. 因操作不当造成人身伤害，从总分中扣 20 分； 4. 工具、用具使用不当，每次从总分中扣 2 分，最多扣 20 分			
备注							
合计					100		

考评员： 核分员： 年 月 日

六、佩戴正压式空气呼吸器操作

1. 考核要求

(1) 必须穿戴劳动保护用品。
(2) 工具、用具准备齐全，正确使用。
(3) 操作规程符合安全文明操作。
(4) 按规定完成操作项目，质量达到技术要求。
(5) 操作完毕，做到“工完、料净、场地清”。

2. 准备要求

(1) 设备准备：

序　号	名　称	规　格	数　量	备　注
1	正压式空气呼吸器	德尔格 PA94PLUSA	2 套	

(2) 材料准备：

序　号	名　称	规　格	数　量	备　注
1	计时器		1 个	
2	气瓶		2 只	备用
3	医用酒精		1 瓶	250mL
4	医用镊子		1 个	
5	清水		500mL	
6	药棉		1 包	
7	污水桶		1 个	

3. 操作程序说明

1) 准备
准备全工具、用具和材料。
2) 检查准备操作
(1) 检查气瓶、背架，核对合格证，校验标签，气瓶固定牢靠。
(2) 检查压力表在校验期之内，外观完好。
(3) 检查背带、腰带连接是否完好，适当调节松紧。
(4) 检查面罩视窗，确保清洁、明亮、完好，口鼻罩完好，将头带调整至最大位置(检查后面罩视窗必须朝上存放)。

（5）检查减压阀和高、中压管路的连接情况。

（6）关供给阀，开供气阀，检查气瓶压力，压力为28~30MPa。

（7）关供气阀，检查管路气密性，1min压降小于0.5MPa为合格。

（8）开供给阀，检查报警哨是否灵敏可靠，报警压力值为5MPa，允许范围为±0.5MPa。

（9）检查供气阀、供给阀开关是否灵敏可靠，连接口“O”型密封圈是否完好。

（10）连接面罩，将面罩贴于面部，检查面罩气密性，确认气密性良好后拆除面罩与供给阀之间的连接，关供给阀。

3）呼吸器佩戴操作

（1）将正压式呼吸器背好，注意气瓶朝向(气瓶开关朝下)。

（2）调整肩带。

（3）连接并调整腰带。

（4）将面罩颈带挂于颈部。

（5）自下而上佩戴面罩于面部，调整面罩头带。

（6）检查面罩的气密性。

（7）打开供气阀，连接面罩与供给阀，建立呼吸，举手示意佩戴结束。

4）解除佩戴，清洁、回收

（1）取下供给阀，关闭供气阀。

（2）取下面罩。

（3）开供给阀，释放残余气体。

（4）调整腰带、肩带至合适位置，装箱存放。

（5）使用消毒液对面罩进行消毒并用清水清洗，自然风干，面罩装箱时注意方向，防止磨损视窗。

（6）收拾工具，清理现场。

4. 考核规定说明

（1）如操作违章，停止考核。

（2）考核采用百分制，考核项目得分按鉴定比重进行折算。

（3）考核方式说明：本项目为实际操作题，考核过程按评分标准及操作过程进行评分。

（4）考核技能说明：本项目主要测试考生对佩戴正压式空气呼吸器操作掌握的熟练程度。

5. 考核时限

（1）准备阶段时间：4min(不计入考核时间)。

（2）正式佩戴使用时间：45s。

① 佩戴时间在25s以内(含25s)，满分65分。

② 佩戴时间在25~35s以内(含35s)，满分60分。

③ 佩戴时间在35~45s以内(含45s)，满分55分。

④ 佩戴时间大于45s，该项不得分。

（3）提前完成操作不加分，每超过1min从总分中扣2分，总超时5min停止工作，按实际完成项进行评分。

6. 评分记录表

佩戴正压式空气呼吸器操作评分记录表

操作时间：45s　　考生：　　操作用时：

序号	考核内容	操作规程	评分要素	评分标准	配分	扣分	得分
1	工具准备	1. 穿戴好劳动保护用品； 2. 计时器、气瓶、酒精、镊子、清水、污水桶、药棉	工具准备	1. 劳保穿戴不整齐扣5分； 2. 未准备工具扣5分，多、少一件扣1分	5		
2	检查准备操作	1. 检查气瓶、背架，核对合格证，校验标签，气瓶固定牢靠； 2. 检查压力表在校验期之内，外观完好； 3. 检查背带、腰带连接是否完好，适当调节松紧； 4. 检查面罩视窗，确保清洁、明亮、完好，口鼻罩完好，将头带调整至最大位置（检查后面罩视窗必须朝上存放）； 5. 检查减压阀、高、中压管路连接情况； 6. 关供给阀，开供气阀，检查气瓶压力，压力为28~30MPa； 7. 关供气阀，检查管路气密性，1min压降小于0.5MPa为合格； 8. 开供给阀，检查报警哨是否灵敏可靠，报警压力值为5MPa，允许范围为±0.5MPa； 9. 检查供气阀、供给阀开关是否灵敏可靠，连接口“O”型密封圈是否完好； 10. 连接面罩，将面罩贴于面部，检查面罩气密性，确认气密性良好后拆除面罩与供给阀之间的连接，关供给阀	规范检查	1. 少检查一项扣1分； 2. 未检查压力表扣2分； 3. 未检查腰带、背带少一项扣1分； 4. 未检查面罩视窗扣1分，未调整头带扣1分； 5. 未检查供气管线连接情况，少一项扣1分； 6. 未检查气瓶压力扣2分，未口述压力值扣1分； 7. 未检查管路气密性扣2分，未关供气阀扣1分，不会判断扣2分； 8. 未检查报警哨扣2分，未口述报警值扣1分； 9. 未检查供气阀、供给阀灵敏度扣1分，未检查密封圈扣1分； 10. 未检查面罩气密性扣2分，未检查面罩与供气阀连接情况扣1分，未关供气阀扣2分	15		

续表

序号	考核内容	操作规程	评分要素	评分标准	配分	扣分	得分
3	呼吸器佩戴操作	1. 将正压式呼吸器背好，注意气瓶朝向（气瓶供给阀朝下）； 2. 调整肩带； 3. 连接并调整腰带； 4. 将面罩颈带挂于颈部； 5. 自下而上佩戴面罩于面部，调整面罩头带； 6. 检查面罩的气密性； 7. 打开供气阀，连接面罩与供给阀，建立呼吸，举手示意佩戴结束	规范检查	1. 佩戴方法不正确扣 10 分； 2. 肩带松紧不合适扣 3 分； 3. 腰带松紧不合适扣 3 分； 4. 未将面罩挂在颈部扣 3 分； 5. 面罩佩戴方法不正确扣 5 分，未调整面罩头带扣 5 分； 6. 未检查面罩的气密性扣 30 分； 7. 未开供气阀终止操作，开关顺序错误扣 5 分，面罩漏气扣 5 分，未举手示意不停表	65		
4	解除佩戴，清洁、回收	1. 取下供给阀，关闭供气阀； 2. 取下面罩； 3. 开供给阀，释放残余气体； 4. 调整腰带、肩带至合适位置，装箱存放； 5. 使用消毒液对面罩进行消毒并用清水清洗，自然风干，面罩装箱时注意方向，防止磨损视窗	规范操作	1. 不会取供给阀扣 2 分； 2. 未释放残余气体扣 2 分； 3. 取下面罩不规范扣 2 分； 4. 未调整肩带、腰带扣 2 分，未按照装箱要求放置扣 3 分； 5. 未对面罩消毒或消毒不合格扣 2 分，面罩放置不符合规定	10		
5	清理场地	回收工具、用具，清理场地	收拾工具，清理场地	未清洁工具、用具扣 2 分，少收一件扣 1 分	5		
6	安全操作	1. 遵守国家或企业有关安全规定； 2. 操作过程中严格遵守“四不伤害”原则	遵守国家或企业有关安全规定	1. 每违反一项规定，从总分中扣 5 分； 2. 严重违规取消考核； 3. 因操作不当造成人身伤害，从总分中扣 20 分； 4. 工具、用具使用不当，每次从总分中扣 2 分，最多扣 20 分			
备注							
合计					100		

考评员： 核分员： 年 月 日

七、心肺复苏操作

1. 考核要求

（1）必须穿戴劳动保护用品。

（2）使用规程符合安全文明操作。

（3）按规定完成操作项目，质量达到技术要求。

（4）操作完毕，做到“工完、料净、场地清”。

2. 准备要求

（1）设备准备：

序　号	名　称	规　格	数　量	备　注
1	模拟假人		1套	

（2）材料准备：

序　号	名　称	规　格	数　量	备　注
1	医用酒精	250mL	1瓶	
2	医用纱布		1包	

（3）工具、用具准备：

序　号	名　称	规　格	数　量	备　注
1	医用镊子		1个	
2	垃圾桶		1个	

3. 操作程序说明

1）操作前的判断与检查

（1）评估现场环境，做好自我防护，将患者转移到安全区域。

（2）通过摸脉搏、看瞳孔、拍打、大声呼叫等手段，判断患者有无呼吸、心跳、意识。

（3）大声呼救寻求帮助，联系医疗救助单位。

2）操作前的准备工作

（1）将患者处于仰卧姿势，放在坚硬的平面上，救护者两腿自然分开，与肩同宽，跪贴于伤员的肩腰部。

（2）解开患者领带、腰带、衣扣、胸衣等，以便观察胸部、腹部起伏情况，用仰头举颌法打开气道，使下颌角与耳垂连线垂直于地面90°。

（3）检查、清理口腔异物，若患者有假牙，必须取出。

（4）胸外按压部位的确定，胸骨中下1/3交界处的正中线上或剑突上2.5~5cm处。

3）胸外按压的操作过程

（1）按压方法，抢救者一手掌根部紧贴于胸部按压部位，另一手掌放在此手背上，两手平行重叠且手指交叉互握稍抬起，使手指脱离胸壁。

（2）抢救者双臂应绷直，双肩中点垂直于按压部位，利用上半身体重和肩、臂部肌肉力量垂直向下按压，按压频率为大于100次/min，按压与放松时间比例以1∶2为恰当，成人按压深度为4~5cm。

（3）按压应平稳、有规律地进行，不能间断，下压与向上放松时间相等，按压至最低点处，应有一明显的停顿，不能冲击式猛压或跳跃式按压，放松时定位的手掌根部不要离开胸部按压部位，但应尽量放松，使胸骨不受任何压力。

（4）胸外按压的同时进行口对口人工呼吸，一人抢救时，胸外按压30次，吹气2次，循环进行；两人抢救时，一人吹气2次，另一人按压心脏30次，循环进行。

（5）口述：心肺复苏施救应坚持20~30min，如为低温、溺水、触电、药物中毒、高血钾症等患者，可适当延长心肺复苏实施的时间。

（6）若发现病人脸色转红润，呼吸心跳恢复，能摸到脉搏跳动，瞳孔回缩正常，抢救成功，转移至专业医院进行进一步检查救治。

4）清理场地

（1）对模拟假人进行消毒。

（2）清理现场，收拾器具。

4. 考核规定说明

（1）如操作违章，将停止考核。

（2）考核采用百分制，考核项目得分按鉴定比重进行折算。

（3）考核方式说明：本项目为实际操作题，考核过程按评分标准及操作过程进行评分。

（4）考核技能说明：本项目主要测试考生对心肺复苏操作掌握的熟练程度。

5. 考核时限

（1）准备工作：1min（不计入考核时间）。

（2）正式操作时间：3min。

（3）提前完成操作不加分，每超过1min从总分中扣5分，总超时2min停止工作，按完成项进行评分。

6. 评分记录表

心肺复苏操作评分记录表

操作时间：3min　　考生：　　操作用时：

序号	考核内容	操作规程	评分要素	评分标准	配分	扣分	得分
1	工具、用具准备	1. 穿戴好劳动保护用品； 2. 医用酒精、医用纱布、医用镊子、垃圾桶	工具准备	1. 劳保穿戴不整齐扣5分； 2. 未准备工具扣5分，多、少一件扣1分	5		

续表

序号	考核内容	操作规程	评分要素	评分标准	配分	扣分	得分
2	操作前的判断与检查	1. 评估现场环境，做好自我防护，将患者转移到安全区域； 2. 通过摸脉搏、看瞳孔、拍打、大声呼叫等手段，判断患者有无呼吸、心跳、意识； 3. 大声呼救寻求帮助，联系医疗救助单位	急救前检查	1. 未转移到安全区域扣 20 分； 2. 不会判断患者意识扣 5 分； 3. 未进行呼救扣 2 分，未口述联系医疗救助单位扣 2 分	25		
3	操作前的准备工作	1. 将患者处于仰卧姿势，放在坚硬的平面上，救护者两腿自然分开，与肩同宽，跪贴于伤员的肩腰部； 2. 解开患者领带、腰带、衣扣、胸衣等，以便观察胸部、腹部起伏情况；用仰头举颌法打开气道，使下颌角与耳垂连线垂直于地面 90°； 3. 检查、清理口腔异物，若患者有假牙，必须取出； 4. 胸外按压部位的确定，胸骨中下 1/3 交界处的正中线上或剑突上 2.5~5cm 处	急救前的准备	1. 患者姿势不正确扣 5 分，救护者姿势不正确扣 2 分； 2. 未解开患者领带、腰带、衣扣、胸衣等扣 5 分，未观察胸部、腹部起伏情况扣 5 分，未打开气道扣 5 分； 3. 未清理口腔异物扣 5 分； 4. 未确认按压位置扣 5 分	30		
4	胸外按压的操作过程	1. 按压方法：抢救者一手掌根部紧贴于胸部按压部位，另一手掌放在此手背上，两手平行重叠且手指交叉互握稍抬起，使手指脱离胸壁； 2. 抢救者双臂应绷直，双肩中点垂直于按压部位，利用上半身体重和肩、臂部肌肉力量垂直向下按压，按压频率为大于 100 次/min，按压与放松时间比例以 1∶2 为恰当，按压深度成人为 4~5cm；	规范急救操作过程	1. 手掌按压方法不规范扣 2 分； 2. 按压频率不正确扣 5 分，按压与放松时间不规范扣 3 分； 3. 按压动作不规范扣 3 分；	30		

续表

序号	考核内容	操作规程	评分要素	评分标准	配分	扣分	得分
4	胸外按压的操作过程	3. 按压应平稳、有规律地进行，不能间断，下压与向上放松时间相等，按压至最低点处，应有一明显的停顿，不能冲击式猛压或跳跃式按压，放松时定位的手掌根部不要离开胸部按压部位，但应尽量放松，使胸骨不受任何压力； 4. 胸外按压的同时进行口对口人工呼吸，一人抢救时，胸外按压30次，吹气2次，循环进行，两人抢救时，一人吹气2次，另一人按压心脏30次，循环进行； 5. 口述：心肺复苏施救应坚持20～30min，如为低温、溺水、触电、药物中毒、高血钾症等患者，可适当延长心肺复苏实施的时间； 6. 若发现病人脸色转红润，呼吸心跳恢复，能摸到脉搏跳动，瞳孔回缩正常，抢救成功，转移至专业医院进行进一步检查救治	规范急救操作过程	4. 按压与呼吸比不正确扣5分，未口述两人操作时按压吹气比例扣2分； 5. 未口述心肺复苏操作时间扣3分； 6. 施救后未确认救护效果扣3分； 7. 确认抢救成功后未口述移交专业医疗救助单位进一步检查扣3分	30		
5	清理场地	1. 对模拟假人进行消毒； 2. 清理现场，收拾器具	收拾工具，清理场地	1. 未对模拟假人进行消毒扣3分； 2. 未清理现场，回收工具扣2分	10		
6	安全操作	1. 遵守国家或企业有关安全规定； 2. 操作过程中严格遵守“四不伤害”原则	遵守国家或企业有关安全规定	1. 每违反一项规定，从总分中扣5分； 2. 严重违规取消考核； 3. 因操作不当造成人身伤害，从总分中扣20分； 4. 工具、用具使用不当，每次从总分中扣2分，最多扣20分			
备注							
合计					100		

考评员： 核分员： 年 月 日

八、套筒扳手使用操作

1. 考核要求

（1）必须穿戴劳动保护用品。

（2）操作规程符合安全文明操作。

（3）按规定完成操作项目，质量达到技术要求。

（4）操作完毕，做到“工完、料净、场地清”。

2. 准备要求

（1）工具准备：

序　号	名　称	规　格	数　量	备　注
1	套筒扳手		1套	

（2）材料准备：

序　号	名　称	规　格	数　量	备　注
1	大布		1块	
2	手套		1副	

3. 操作程序说明

1）使用前检查

（1）检查摇手柄、长接杆、短接杆、滑行头手柄是否齐全。

（2）检查直接头、万向接头、螺栓接头是否齐全。

2）使用方法及注意事项

（1）根据被扭件选准规格，将扳头套在被扭件上。

（2）根据被扭件所在位置、大小选择合适的手柄。

（3）扭动前必须把手柄接头安装稳定后才能用力，防止打滑、脱落伤人。

（4）扭动手柄时用力要平稳，用力方向与被扭件的中心轴线垂直。

3）维护保养

（1）使用后，拆分各部件；

（2）清洁各部件并归位摆放。

4）清理场地

清理现场，收拾工具。

4. 考核规定说明

(1) 如发现操作过程中可能发生重大违章(如人身伤害、环境污染、工具、设备损坏等),将终止操作。

(2) 考核采用百分制,考核项目得分按鉴定比重进行折算。

(3) 考核方式说明:本项目为实际操作题,考核过程按评分标准及操作过程进行评分。

(4) 考评技能说明:本项目主要测试考生对套筒扳手使用操作技能掌握的熟练程度。

5. 考核时限

(1) 准备工作:1min(不计入考核时间)。

(2) 正式操作时间:5min。

(3) 提前完成操作不加分,到时终止操作考核。

6. 评分记录表

套筒扳手使用操作评分记录表

操作时间:5min　　考生:　　操作用时:

序号	考核内容	操作规程	评分要素	评分标准	配分	扣分	得分
1	准备	1. 穿戴好劳动保护用品; 2. 准备工具:套筒扳手、大布、手套	准备工具	1. 劳保穿戴不整齐扣5分; 2. 未准备工具扣5分,多、少一件扣1分	10		
2	使用前检查	1. 检查摇手柄、长接杆、短接杆、滑行头手柄是否齐全; 2. 检查直接头、万向接头、螺栓接头是否齐全	检查套筒扳手齐全	检查各配件少一项扣2分	15		
3	使用方法及注意事项	1. 根据被扭件选准规格,将扳头套在被扭件上; 2. 根据被扭件所在位置、大小选择合适的手柄; 3. 扭动前必须把手柄接头安装稳定后才能用力,防止打滑、脱落伤人; 4. 扭动手柄时用力要平稳,用力方向与被扭件的中心轴线垂直	规范操作,选择合适套筒	1. 规格选择错误,一次扣5分; 2. 手柄选择不合适扣5分; 3. 打滑或脱落,一次扣3分; 4. 使用工具不规范扣5分(用力不均匀,用力方向与轴线不垂直)	50		

续表

序号	考核内容	操作规程	评分要素	评分标准	配分	扣分	得分
4	维护保养	1. 使用后，拆分各部件； 2. 清洁各部件并归位摆放	拆分并归位	1. 未拆分各配件，一件扣2分； 2. 未清洁，一件扣2分； 3. 未归位摆放，一件扣2分	15		
5	清理场地	清理现场，收拾工具	收拾工具，清理场地	1. 未清理现场扣5分； 2. 工具少收一件扣2分	10		
6	安全文明操作	1. 遵守国家或企业有关安全规定； 2. 操作过程中严格遵守“四不伤害”原则	遵守国家或企业有关安全规定	1. 每违反一项规定，从总分中扣5分； 2. 因操作不当造成人身伤害、环境污染、工具、设备损坏，从总分中扣20分； 3. 严重违规终止操作			
备注							
合　计					100		

考评员：　　　　核分员：　　　　年　月　日

九、压力钳使用操作

1. 考核要求

(1) 必须穿戴劳动保护用品。
(2) 操作规程符合安全文明操作。
(3) 按规定完成操作项目，质量达到技术要求。
(4) 操作完毕，做到“工完、料净、场地清”。

2. 准备要求

(1) 工具准备：

序号	名称	规格	数量	备注
1	压力钳		1个	

(2) 材料准备：

序号	名称	规格	数量	备注
1	大布		1块	
2	手套		1副	
3	划线笔		1支	
4	钳牙		2副	

(3) 工具、用具准备：

序号	名称	规格	数量	备注
1	油壶		1个	
2	支撑架		1个	
3	钢丝刷		1把	
4	钢卷尺		1把	

3. 操作程序说明

1) 使用前检查
(1) 检查钳座与工作台连接是否牢固，上钳口要移动自由。
(2) 检查上下牙块是否完好。
(3) 检查各部件是否完好，连接牢固。

2）使用方法及注意事项

（1）夹持管件应用力均匀，逐步旋紧，防止管件变形、损坏，不能敲击和使用加力管。

（2）材质软或脆性管件要用布或铜皮垫在夹持部位，夹持不应过紧。

（3）管件过长时，应在尾部加装支撑。

3）维护保养

（1）上下钳牙应合口归位。

（2）若长期停用，钳牙及夹紧丝杠涂抹防腐油。

4）清理场地

清理现场，收拾工具。

4. 考核规定说明

（1）如发现操作过程中可能发生重大违章（如人身伤害、环境污染、工具、设备损坏等），将终止操作。

（2）考核采用百分制，考核项目得分按鉴定比重进行折算。

（3）考核方式说明：本项目为实际操作题，考核过程按评分标准及操作过程进行评分。

（4）考评技能说明：本项目主要测试考生对压力钳使用操作技能掌握的熟练程度。

5. 考核时限

（1）准备工作：1min（不计入考核时间）。

（2）正式操作时间：5min。

（3）提前完成操作不加分，到时终止操作考核。

6. 评分记录表

压力钳使用操作评分记录表

操作时间：5min　　　　考生：　　　　操作用时：

序号	考核内容	操作规程	评分要素	评分标准	配分	扣分	得分
1	准备	1. 穿戴好劳动保护用品； 2. 准备工具：钢卷尺、手套、划线笔、钳牙、油壶、支撑架、钢丝刷、大布	准备工具	1. 劳保穿戴不整齐扣5分； 2. 未准备工具扣5分，多、少一件扣1分	10		
2	使用前检查	1. 检查钳座与工作台连接是否牢固，上钳口要移动自由； 2. 检查上下牙块是否完好； 3. 检查各部件是否完好，连接牢固	检查压力钳完好	1. 未检查钳座与工作台连接扣5分，未检查上钳口要移动自由扣3分； 2. 未检查上下牙块扣5分； 3. 未检查各连接部件扣5分	15		

续表

序号	考核内容	操作规程	评分要素	评分标准	配分	扣分	得分
3	使用方法及注意事项	1. 夹持管件应用力均匀，逐步旋紧，防止管件变形、损坏，不能敲击和使用加力管； 2. 材质软或脆性管件要用布或铜皮垫在夹持部位，夹持不应过紧； 3. 管件过长时，应在尾部加装支撑	规范操作，禁止出现管子变形、钳牙损坏	1. 夹压管子时，造成管件变形或损坏扣 15 分； 2. 材质软或脆性管件未用布或铜皮垫在夹持部位扣 5 分； 3. 长管件未加支撑扣 10 分； 4. 使用加力管或敲击扣 20 分	50		
4	维护保养	1. 上下钳牙应合口； 2. 若长期停用，钳牙及夹紧丝杠涂抹防腐油	设备保养到位	1. 使用后上下钳牙未合口扣 5 分； 2. 长期停用，钳牙及夹紧丝杠未涂油，一处扣 5 分	15		
5	清理场地	清理现场，收拾工具，做好相应记录	收拾工具，清理场地	1. 未清理现场扣 5 分； 2. 工具少收一件扣 2 分	10		
6	安全文明操作	1. 遵守国家或企业有关安全规定； 2. 操作过程中严格遵守“四不伤害”原则	遵守国家或企业有关安全规定	1. 每违反一项规定，从总分中扣 5 分； 2. 因操作不当造成人身伤害、环境污染、工具、设备损坏，从总分中扣 20 分； 3. 严重违规终止操作			
备注							
合　计					100		

考评员：　　　　核分员：　　　　年　月　日

十、开口扳手使用操作

1. 考核要求

（1）必须穿戴劳动保护用品。

（2）操作规程符合安全文明操作。

（3）按规定完成操作项目，质量达到技术要求。

（4）操作完毕，做到“工完、料净、场地清”。

2. 准备要求

（1）工具准备：

序　号	名　称	规　格	数　量	备　注
1	开口扳手		1套	

（2）材料准备：

序　号	名　称	规　格	数　量	备　注
1	大布		1块	
2	手套		1副	

3. 操作程序说明

1）使用前检查

（1）检查扳手规格是否齐全。

（2）检查扳手的开口度是否有明显变大或裂口，开口受力面是否损坏。

（3）检查扳手手柄是否有裂痕。

2）使用方法及注意事项

（1）根据被扭件选准规格，将扳头卡在被扭件上。

（2）使用前必须确认受力稳定后才能用力，防止打滑脱落伤人。

（3）使用时用力要平稳，用力方向与被扭件的中心轴线垂直。

（4）使用时开口方向应与用力方向一致(小头朝内)。

（5）使用过程中严禁与加力杠配合使用。

（6）严禁用扳手敲击和被敲击。

3）维护保养

（1）使用后要去污擦净。

（2）使用后须归位摆放。

4）清理场地

清理现场，收拾工具。

4. 考核规定说明

（1）如发现操作过程中可能发生重大违章（如人身伤害、环境污染、工具、设备损坏等），将终止操作。

（2）考核采用百分制，考核项目得分按鉴定比重进行折算。

（3）考核方式说明：本项目为实际操作题，考核过程按评分标准及操作过程进行评分。

（4）考评技能说明：本项目主要测试考生对开口扳手使用操作技能掌握的熟练程度。

5. 考核时限

（1）准备工作：1min（不计入考核时间）。

（2）正式操作时间：3min。

（3）提前完成操作不加分，到时终止操作考核。

6. 评分记录表

开口扳手使用操作评分记录表

操作时间：3min　　考生：　　操作用时：

序号	考核内容	操作规程	评分要素	评分标准	配分	扣分	得分
1	准备	1. 穿戴好劳动保护用品； 2. 准备工具：开口扳手、大布、手套	准备工具	1. 劳保穿戴不整齐扣5分； 2. 未准备工具扣5分，多、少一件扣1分	10		
2	使用前检查	1. 检查扳手规格是否齐全； 2. 检查扳手的开口度是否有明显变大或裂口，开口受力面是否损坏； 3. 检查扳手手柄是否有裂痕	检查扳手齐全、完好	1. 未检查扳手规格是否齐全扣5分； 2. 未检查扳手的开口度是否有明显变大或裂口扣5分，未检查开口受力面是否损坏扣5分； 3. 未检查扳手手柄是否有裂痕扣5分	15		
3	使用方法及注意事项	1. 根据被扭件选准规格，将扳头卡在被扭件上； 2. 使用前必须确认受力稳定后才能用力，防止打滑脱落伤人； 3. 使用时用力要平稳，用力方向与被扭件的中心轴线垂直； 4. 使用时开口方向应与用力方向一致（小头朝内）； 5. 使用过程中严禁与加力杠配合使用； 6. 严禁用扳手敲击、被敲击	规范操作	1. 选择规格错误扣5分； 2. 打滑、脱落，一次扣2分； 3. 使用时用力不平稳，一次扣2分； 4. 使用时开口方向错，一次扣2分； 5. 与加力杠配合使用扣15分； 6. 用扳手敲击和被敲击，一次扣5分	55		

续表

序号	考核内容	操作规程	评分要素	评分标准	配分	扣分	得分
4	维护保养	1. 使用后去污擦净； 2. 使用后须归位摆放	擦净、归位	1. 未擦净扣2分； 2. 使用后未归位摆放扣5分	10		
5	清理场地	清理现场，收拾工具，做好相应记录	收拾工具，清理场地	1. 未清理现场扣5分； 2. 工具少收一件扣2分	10		
6	安全文明操作	1. 遵守国家或企业有关安全规定； 2. 操作过程中严格遵守“四不伤害”原则	遵守国家或企业有关安全规定	1. 每违反一项规定，从总分中扣5分； 2. 因操作不当造成人身伤害、环境污染、工具、设备损坏，从总分中扣20分； 3. 严重违规终止操作			
备注							
合计					100		

考评员：　　　　核分员：　　　　年　月　日

十一、活动扳手使用操作

1. 考核要求

(1) 必须穿戴劳动保护用品。
(2) 操作规程符合安全文明操作。
(3) 按规定完成操作项目，质量达到技术要求。
(4) 操作完毕，做到“工完、料净、场地清”。

2. 准备要求

(1) 工具准备：

序号	名称	规格	数量	备注
1	活动扳手		1把	

(2) 材料准备：

序号	名称	规格	数量	备注
1	大布		1块	
2	手套		1副	

(3) 工具、用具准备：

序号	名称	规格	数量	备注
1	黄油		1桶	

3. 操作程序说明

1) 使用前检查
(1) 检查扳手有无变形、裂痕，合口后有无缝隙，开口受力面是否完好。
(2) 检查扳手活动部分和涡轮啮合是否良好，涡轮是否灵活好用。
(3) 检查轴销是否牢固。
2) 使用方法及注意事项
(1) 使用时应根据所拆卸工件的规格大小来选择合适的扳手。
(2) 使用扳手夹持工件应松紧适宜。
(3) 使用活动扳手时，活动部分在前，主要受力点在固定部分，用力方向与扳手的手柄成直角。

(4) 扳动较小工件时，应握在接近头部的位置，随时调节开口大小，以防打滑。

(5) 禁止敲击扳手，禁止采用加力杠。

(6) 扳手不可反用，以免损坏活动扳唇。

3) 维护保养

(1) 使用后要去污擦净，涂黄油。

(2) 使用后扳手应合口归位。

4) 清理场地

清理现场，收拾工具。

4. 考核规定说明

(1) 如发现操作过程中可能发生重大违章(如人身伤害、环境污染、工具、设备损坏等)，将终止操作。

(2) 考核采用百分制，考核项目得分按鉴定比重进行折算。

(3) 考核方式说明：本项目为实际操作题，考核过程按评分标准及操作过程进行评分。

(4) 考评技能说明：本项目主要测试考生对活动扳手使用操作技能掌握的熟练程度。

5. 考核时限

(1) 准备工作：1min(不计入考核时间)。

(2) 正式操作时间：5min。

(3) 提前完成操作不加分，到时终止操作考核。

6. 评分记录表

活动扳手使用操作评分记录表

操作时间：5min　　考生：　　操作用时：

序号	考核内容	操作规程	评分要素	评分标准	配分	扣分	得分
1	准备	1. 穿戴好劳动保护用品； 2. 准备工具：300mm活动扳手、大布、手套、黄油	准备工具	1. 劳保穿戴不整齐扣5分； 2. 未准备工具扣5分，多、少一件扣1分	10		
2	使用前检查	1. 检查扳手有无裂痕，合口后有无变形、缝隙，开口受力面是否完好； 2. 检查扳手活动部分、啮合部分是否良好； 3. 检查轴销是否牢固	检查活动扳手是否完好	1. 未检查扳手有无变形、裂痕，一处扣2分；未检查合口后缝隙扣2分；未检查开口受力面扣2分； 2. 未检查涡轮啮合扣5分； 3. 未检查轴销扣2分	15		

续表

序号	考核内容	操作规程	评分要素	评分标准	配分	扣分	得分
3	使用方法及注意事项	1. 使用时应根据所拆卸工件的规格大小来选择合适的扳手； 2. 使用扳手夹持工件应松紧适宜； 3. 使用活动扳手时，活动部分在前，主要受力点在固定部分，用力方向与扳手的手柄成直角； 4. 扳动较小工件时，应握在接近头部的位置，随时调节开口大小，以防打滑； 5. 禁止敲击扳手用加力杠； 6. 扳手不可反用	规范操作，正确使用工具	1. 未根据工件的规格大小选择合适的扳手扣5分； 2. 夹持工件过紧或过松扣5分； 3. 扳手打反，一次扣2分； 4. 扳手打滑，一次扣2分； 5. 敲击扳手，一次扣10分； 6. 使用加力杠，一次扣10分	50		
4	维护保养	1. 使用后要去污擦净，涂黄油； 2. 使用后扳手应合口归位	工具保养到位	1. 扳手未去污擦净扣5分，未涂黄油存放扣2分； 2. 使用后扳手未归位扣5分	15		
5	清理场地	清理现场，收拾工具	收拾工具，清理场地	1. 未清理现场扣5分； 2. 工具少收一件扣2分	10		
6	安全文明操作	1. 遵守国家或企业有关安全规定； 2. 操作过程中严格遵守“四不伤害”原则	遵守国家或企业有关安全规定	1. 每违反一项规定，从总分中扣5分； 2. 因操作不当造成人身伤害、环境污染、工具、设备损坏，从总分中扣20分； 3. 严重违规终止操作			
备注							
合计					100		

考评员： 核分员： 年 月 日

十二、梅花扳手使用操作

1. 考核要求

(1) 必须穿戴劳动保护用品。
(2) 操作规程符合安全文明操作。
(3) 按规定完成操作项目，质量达到技术要求。
(4) 操作完毕，做到“工完、料净、场地清”。

2. 准备要求

(1) 工具准备：

序 号	名 称	规 格	数 量	备 注
1	梅花扳手		1套	

(2) 材料准备：

序 号	名 称	规 格	数 量	备 注
1	大布		1块	
2	手套		1副	

3. 操作程序说明

1) 使用前检查
(1) 检查扳手封闭的梅花沟槽是否完整，有无裂痕。
(2) 检查扳手手柄是否有裂痕。
2) 使用方法及注意事项
(1) 使用时一定要选配好规格，不能出现打滑松动，否则会将扳手的棱角磨平。
(2) 使用时不能用加力杠。
(3) 使用时不能敲击。
(4) 扳手头的梅花沟槽内不能有污垢。
3) 维护保养
(1) 使用后要去污擦净。
(2) 使用后归位存放。
4) 清理场地
清理现场，收拾工具。

4. 考核规定说明

（1）如发现操作过程中可能发生重大违章（如人身伤害、环境污染、工具、设备损坏等），将终止操作。

（2）考核采用百分制，考核项目得分按鉴定比重进行折算。

（3）考核方式说明：本项目为实际操作题，考核过程按评分标准及操作过程进行评分。

（4）考评技能说明：本项目主要测试考生对梅花扳手使用操作技能掌握的熟练程度。

5. 考核时限

（1）准备工作：1min（不计入考核时间）。

（2）正式操作时间：3min。

（3）提前完成操作不加分，到时终止操作考核。

6. 评分记录表

梅花扳手使用操作评分记录表

操作时间：3min　　考生：　　操作用时：

序号	考核内容	操作规程	评分要素	评分标准	配分	扣分	得分
1	准备	1. 穿戴好劳动保护用品； 2. 准备工具：梅花扳手、大布、手套	准备工具	1. 劳保穿戴不整齐扣5分； 2. 未准备工具扣5分，多、少一件扣1分	10		
2	使用前检查	1. 检查扳手封闭的梅花沟槽是否完整，有无裂痕； 2. 检查扳手手柄是否有裂痕	检查扳手完好	1. 未检查扳手梅花沟槽扣5分； 2. 未检查扳手手柄扣5分	10		
3	使用方法及注意事项	1. 使用时一定要选配好规格，不能出现打滑松动，否则会将扳手的棱角磨平； 2. 使用时不能用加力杠； 3. 使用时不能敲击	规范操作，正确使用工具	1. 规格选择超过两次扣2分； 2. 打滑，一次扣2分； 3. 使用加力杠扣15分； 4. 敲击，一次扣15分	60		
4	维护保养	1. 使用后要去污擦净； 2. 使用后归位存放	清洁工具，存放到位	1. 使用后未去污擦净扣5分； 2. 使用后未归位存放扣5分	10		
5	清理场地	清理现场，收拾工具	收拾工具，清理场地	1. 未清理现场扣5分； 2. 工具少收一件扣2分	10		

续表

序号	考核内容	操作规程	评分要素	评分标准	配分	扣分	得分
6	安全文明操作	1. 遵守国家或企业有关安全规定； 2. 操作过程中严格遵守“四不伤害”原则	遵守国家或企业有关安全规定	1. 每违反一项规定，从总分中扣5分； 2. 因操作不当造成人身伤害、环境污染、工具、设备损坏，从总分中扣20分； 3. 严重违规终止操作			
备注							
合　计					100		

考评员：　　　　核分员：　　　　年　月　日

十三、呆扳手使用操作

1. 考核要求

(1) 必须穿戴劳动保护用品。

(2) 操作规程符合安全文明操作。

(3) 按规定完成操作项目，质量达到技术要求。

(4) 操作完毕，做到“工完、料净、场地清”。

2. 准备要求

(1) 工具准备：

序号	名称	规格	数量	备注
1	呆扳手		1套	

(2) 材料准备：

序号	名称	规格	数量	备注
1	大布		1块	
2	手套		1副	
3	防爆榔头		1把	

3. 操作程序说明

1) 使用前检查

(1) 检查扳手规格是否齐全；检查扳手手柄是否有变形、裂痕。

(2) 检查扳手的开口度是否有明显变大或裂口，开口受力面是否损坏。

2) 使用方法及注意事项

(1) 根据被扭件选准规格，将扳头卡在被扭件上。

(2) 使用时开口方向应与用力方向一致(小头朝内)。

(3) 扳转扳手时应逐渐加力，用力方向与被扭件的中心轴线垂直，防止用力过猛造成滑脱或断裂。

(4) 使用扳手时可以敲击尾部，但应防止扳手飞起或断裂伤人。

(5) 严禁当榔头使用。

3) 维护保养

(1) 使用后去污擦净。

(2) 使用后归位摆放。

4）清理场地

清理现场，收拾工具。

4. 考核规定说明

（1）如发现操作过程中可能发生重大违章（如人身伤害、环境污染、设备损坏等），将终止操作。

（2）考核采用百分制，考核项目得分按鉴定比重进行折算。

（3）考核方式说明：本项目为实际操作题，考核过程按评分标准及操作过程进行评分。

（4）考评技能说明：本项目主要测试考生对呆扳手使用操作技能掌握的熟练程度。

5. 考核时限

（1）准备工作：1min（不计入考核时间）。

（2）正式操作时间：5min。

（3）提前完成操作不加分，到时终止操作考核。

6. 评分记录表

呆扳手使用操作评分记录表

操作时间：5min　　　　考生：　　　　操作用时：

序号	考核内容	操作规程	评分要素	评分标准	配分	扣分	得分
1	准备	1. 穿戴好劳动保护用品； 2. 准备工具：呆扳手、大布、手套、防爆榔头	准备工具	1. 劳保穿戴不整齐扣5分； 2. 未准备工具扣5分，多、少一件扣1分	10		
2	使用前检查	1. 检查扳手规格是否齐全； 2. 检查扳手的开口度是否有明显变大或裂口，开口受力面是否损坏； 3. 检查扳手手柄是否有变形、裂痕	检查扳手齐全、完好	1. 未检查扳手规格是否齐全扣5分； 2. 未检查扳手的开口度扣5分，未检查开口受力面是否损坏扣5分； 3. 未检查扳手手柄扣5分	15		
3	使用方法及注意事项	1. 根据被扭件选准规格，将扳头卡在被扭件上； 2. 使用时开口方向应与用力方向一致（小头朝内）； 3. 扳转扳手时应逐渐加力，用力方向与被扭件的中心轴线垂直，防止用力过猛造成滑脱或断裂； 4. 使用扳手时可以敲击尾部，但应防止扳手飞起或断裂伤人； 5. 严禁当榔头使用	规范操作、正确使用工具	1. 规格选择超过两次扣10分； 2. 开口方向与用力方向不一致扣5分； 3. 滑脱，一次扣5分； 4. 打滑，一次扣5分； 5. 用呆扳手敲击，一次扣5分	55		

续表

序号	考核内容	操作规程	评分要素	评分标准	配分	扣分	得分
4	维护保养	1. 使用后要去污擦净; 2. 使用后归位摆放	清洁、归位	1. 未擦净扣2分; 2. 使用后未归位摆放扣5分	10		
5	清理场地	清理现场，收拾工具	收拾工具，清理场地	1. 未清理现场扣5分; 2. 工具少收一件扣2分	10		
6	安全文明操作	1. 遵守国家或企业有关安全规定; 2. 操作过程中严格遵守“四不伤害”原则	遵守国家或企业有关安全规定	1. 每违反一项规定，从总分中扣5分; 2. 因操作不当造成人身伤害、环境污染、工具、设备损坏，从总分中扣20分; 3. 严重违规终止操作			
备注							
合　计					100		

考评员： 核分员： 年　月　日

十四、F 扳手使用操作

1. 考核要求

（1）必须穿戴劳动保护用品。
（2）操作规程符合安全文明操作。
（3）按规定完成操作项目，质量达到技术要求。
（4）操作完毕，做到“工完、料净、场地清”。

2. 准备要求

（1）工具准备：

序号	名称	规格	数量	备注
1	F 扳手		1 把	

（2）材料准备：

序号	名称	规格	数量	备注
1	大布		1 块	
2	手套		1 副	

（3）工具、用具准备：

序号	名称	规格	数量	备注
1	阀门		1 个	

3. 操作程序说明

1）使用前检查
（1）检查前力臂、后力臂与力臂杆焊接部位有无裂口。
（2）检查前力臂、后力臂、力臂杆有无弯曲变形。
2）使用方法及注意事项
（1）使用时把两个力臂插入阀门手轮内，在确认卡好后可用力开关操作。
（2）在开压力较高的阀门时，一定要开口朝手轮外侧操作，以防止丝杠打出伤人。
（3）不能与加力杠配合使用。
（4）不能敲击与被敲击，严禁当撬杠使用。
3）维护保养
（1）使用后去污擦净。

（2）使用后归位存放。

4）清理场地

清理现场，收拾工具。

4. 考核规定说明

（1）如发现操作过程中可能发生重大违章（如人身伤害、环境污染、工具、设备损坏等），将终止操作。

（2）考核采用百分制，考核项目得分按鉴定比重进行折算。

（3）考核方式说明：本项目为实际操作题，考核过程按评分标准及操作过程进行评分。

（4）考评技能说明：本项目主要测试考生对 F 扳手使用操作技能掌握的熟练程度。

5. 考核时限

（1）准备工作：1min（不计入考核时间）。

（2）正式操作时间：3min。

（3）提前完成操作不加分，到时终止操作考核。

6. 评分记录表

F 扳手使用操作评分记录表

操作时间：3min　　考生：　　操作用时：

序号	考核内容	操作规程	评分要素	评分标准	配分	扣分	得分
1	准备	1. 穿戴好劳动保护用品； 2. 准备工具：F 扳手、大布、手套、阀门	准备工具	1. 劳保穿戴不整齐扣 5 分； 2. 未准备工具扣 5 分，多、少一件扣 1 分	10		
2	使用前检查	1. 检查前力臂、后力臂与力臂杆焊接部位有无裂口； 2. 检查前力臂、后力臂、力臂杆有无弯曲变形	检查 F 扳手完好	1. 未检查到位，一处分扣 5； 2. 未检查有无弯曲变形，一处扣 5 分	15		
3	使用方法及注意事项	1. 使用时把两个力臂插入阀门手轮内，在确认卡好后可用力开关操作； 2. 在开压力较高的阀门时，一定要开口朝手轮外操作，以防止丝杠打出伤人； 3. 不能与加力杠配合使用； 4. 不能敲击与被敲击； 5. 严禁当撬杠使用	规范操作、正确使用工具	1. 未确认卡好进行开关操作扣 10 分； 2. 在开压力较高的阀门时，开口未朝外操作扣 20 分； 3. 用加力杠配合使用，一次扣 5 分； 4. 敲击与被敲击，一次扣 3 分； 5. 当撬杠使用，一次扣 5 分	55		

续表

序号	考核内容	操作规程	评分要素	评分标准	配分	扣分	得分
4	维护保养	1. 使用后去污擦净； 2. 使用后归位存放	清洁、归位	1. 未去污擦净扣5分； 2. 未归位存放扣5分	10		
5	清理场地	清理现场，收拾工具	收拾工具，清理场地	1. 未清理现场扣5分； 2. 工具少收一件扣2分	10		
6	安全文明操作	1. 遵守国家或企业有关安全规定； 2. 操作过程中严格遵守“四不伤害”原则	遵守国家或企业有关安全规定	1. 每违反一项规定，从总分中扣5分； 2. 因操作不当造成人身伤害、环境污染、工具、设备损坏，从总分中扣20分； 3. 严重违规终止操作			
备注							
合计					100		

考评员：　　　　核分员：　　　　年　月　日

十五、手钢锯使用操作

1. 考核要求

(1) 必须穿戴劳动保护用品。
(2) 操作规程符合安全文明操作。
(3) 按规定完成操作项目，质量达到技术要求。
(4) 操作完毕，做到“工完、料净、场地清”。

2. 准备要求

(1) 工具准备：

序 号	名 称	规 格	数 量	备 注
1	手钢锯		1把	

(2) 材料准备：

序 号	名 称	规 格	数 量	备 注
1	大布		1块	
2	手套		1副	
3	划线笔		1支	
4	钢锯条		5根	
5	管件		1根	

(3) 工具、用具准备：

序 号	名 称	规 格	数 量	备 注
1	油壶		1把	
2	润滑油		1壶	
3	支撑架		1个	
4	钢丝刷		1把	
5	钢卷尺		1把	
6	压力钳		1台	

3. 操作程序说明

1) 使用前检查
(1) 检查活动锯弓架是否灵活好用。
(2) 检查手柄与主锯弓架是否连接牢固。

(3) 检查锯弓紧固螺母是否灵活好用。

(4) 检查锯条是否完好，是否符合现场使用要求。

2) 使用方法及注意事项

(1) 安装锯条时，锯齿必须向前，调整锯条松紧度。

(2) 装好的锯条不得斜扭。

(3) 工件的夹持应该稳固。

(4) 锯割时应先从棱边倾斜锯割后再转向平面锯割。

(5) 起锯时行程要短，用力要小，速度要慢，起锯角度约 15°。

(6) 锯割工件时，锯条往返走直线，并用锯条全长进行锯割。

(7) 锯割的速度和压力应均匀、平稳，快锯断时放慢速度，用手扶住工件断开部分，避免掉下砸伤。

(8) 在锯割过程中，锯缝处加注润滑油不得少于 2 次。

3) 维护保养

(1) 使用后去污擦净并涂油存放。

(2) 若长期停用活动锯弓架、紧固螺母涂油保养，归位保存。

4) 清理场地

清理现场，收拾工具。

4. 考核规定说明

(1) 如发现操作过程中可能发生重大违章(如人身伤害、环境污染、工具、设备损坏等)，将终止操作。

(2) 考核采用百分制，考核项目得分按鉴定比重进行折算。

(3) 考核方式说明：本项目为实际操作题，考核过程按评分标准及操作过程进行评分。

(4) 考评技能说明：本项目主要测试考生对手钢锯使用操作技能掌握的熟练程度。

5. 考核时限

(1) 准备工作：1min(不计入考核时间)。

(2) 正式操作时间：5min。

(3) 提前完成操作不加分，到时终止操作考核。

6. 评分记录表

手钢锯使用操作评分记录表

操作时间：5min　　　　考生：　　　　操作用时：

序号	考核内容	操作规程	评分要素	评分标准	配分	扣分	得分
1	准备	1. 穿戴好劳动保护用品； 2. 准备工具：手钢锯、大布、手套、划线笔、钢锯条、油壶、润滑油、支撑架、钢丝刷、2m 钢卷尺、90mm 压力钳、管件	准备工具	1. 劳保穿戴不整齐扣 5 分； 2. 未准备工具扣 5 分，多、少一件扣 1 分	10		

续表

序号	考核内容	操作规程	评分要素	评分标准	配分	扣分	得分
2	使用前检查	1. 检查活动锯弓架是否灵活好用； 2. 检查手柄与主锯弓架是否连接牢固； 3. 检查锯弓紧固螺母是否灵活好用； 4. 检查锯条是否完好，是否符合现场使用要求	检查手钢锯完好	1. 未检查活动锯弓架扣3分； 2. 未检查手柄与主锯弓架扣3分； 3. 未检查紧固螺母是否灵活好用扣2分； 4. 未检查锯条是否完好扣2分，锯条选择不合适扣5分	15		
3	使用方法及注意事项	1. 安装锯条时，锯齿必须向前，调整锯条松紧度； 2. 装好的锯条不得斜扭； 3. 工件的夹持应该稳固； 4. 锯割时应先从棱边倾斜锯割后再转向平面锯割； 5. 起锯时行程要短，用力要小，速度要慢，起锯角度约15°； 6. 锯割工件时，锯条往返走直线，并用锯条全长进行锯割； 7. 锯割的速度和压力应均匀、平稳，快锯断时放慢速度，用手扶住工件断开部分，避免掉下砸伤； 8. 在锯割过程中，锯缝处加注润滑油不得少于2次	规范操作，正确使用工具	1. 锯条装反扣5分、锯条斜扭扣2分，松紧不合适扣2分； 2. 工件夹持不稳固，工件晃动，一次扣5分； 3. 锯齿磨损严重时未及时更换或锯齿完好时更换扣5分； 4. 在锯割过程中，工件与锯弓架碰撞，一次扣2分； 5. 起锯不规范扣3分； 6. 锯割时锯条折断，一次扣10分； 7. 锯割工件时操作不规范，一次扣2分； 8. 工件掉落扣5分； 9. 锯割过程中未加注润滑油扣3分，少加注一次扣2分； 10. 锯割端面不平齐扣5分； 11. 工件加工尺寸误差超过±2mm扣5分	55		
4	维护保养	1. 去污擦净并涂油存放； 2. 若长期停用活动锯弓架、紧固螺母涂油保养，归位保存	工具保养到位	1. 未去污擦净扣2分； 2. 长期停用未涂油保养扣5分，未归位扣2分	10		
5	清理场地	清理现场，收拾工具	收拾工具，清理场地	1. 未清理现场扣5分； 2. 工具少收一件扣2分	10		

续表

序号	考核内容	操作规程	评分要素	评分标准	配分	扣分	得分
6	安全文明操作	1. 遵守国家或企业有关安全规定； 2. 操作过程中严格遵守“四不伤害”原则	遵守国家或企业有关安全规定	1. 每违反一项规定，从总分中扣5分； 2. 因操作不当造成人身伤害、环境污染、工具、设备损坏，从总分中扣20分； 3. 严重违规终止操作			
备注							
合　计					100		

考评员：　　　　核分员：　　　　年　月　日

十六、锉刀使用操作

1. 考核要求

(1) 必须穿戴劳动保护用品。
(2) 操作规程符合安全文明操作。
(3) 按规定完成操作项目，质量达到技术要求。
(4) 操作完毕，做到“工完、料净、场地清”。

2. 准备要求

(1) 工具准备：

序 号	名 称	规 格	数 量	备 注
1	锉刀		1把	平板锉

(2) 材料准备：

序 号	名 称	规 格	数 量	备 注
1	大布		1块	
2	手套		1副	

(3) 工具、用具准备：

序 号	名 称	规 格	数 量	备 注
1	钢丝刷		1把	

3. 操作程序说明

1) 使用前检查
(1) 检查锉刀挫纹有无断齿。
(2) 检查锉柄与锉梢连接是否牢固。
(3) 新锉刀使用前要清除干净防锈油膜。
2) 使用方法及注意事项
(1) 新锉齿刃比较尖锐，不要先用来锉削毛坯硬皮或工件的棱角与狭面，避免爆齿。
(2) 使用锉刀时，锉削推进速度不宜过大，也不能用力过猛；不宜用2号(中齿)、3号(细齿)挫纹锉削软金属，以防屑末淤塞。
(3) 先用粗锉，当接近要求尺寸时，改用细锉。

(4) 锉刀使用时，先用一面齿，用钝后再用另一面。
(5) 交叉锉时，锉刀运动方向与工件夹持方向成 30°~40°。
(6) 锉齿堵塞，可用钢丝刷清理剔除。
(7) 不得用手摸刚锉过的表面或在锉件上涂油脂。
(8) 不得用锉刀敲、翘其他物体，以免折断锉刀而发生事故。
(9) 不得将锉刀重叠放置或与其他工具堆放在一起。
(10) 锉削时锉刀不能撞击到工件，以免锉刀柄脱落造成事故。
3）维护保养
(1) 使用后须用钢丝刷去除挫纹中的屑末。
(2) 如长期不用须涂抹防锈油。
4）清理场地
清理现场，收拾工具。

4. 考核规定说明

(1) 如发现操作过程中可能发生重大违章(如人身伤害、环境污染、工具、设备损坏等)，将终止操作。
(2) 考核采用百分制，考核项目得分按鉴定比重进行折算。
(3) 考核方式说明：本项目为实际操作题，考核过程按评分标准及操作过程进行评分。
(4) 考评技能说明：本项目主要测试考生对锉刀使用操作技能掌握的熟练程度。

5. 考核时限

(1) 准备工作：1min(不计入考核时间)。
(2) 正式操作时间：5min。
(3) 提前完成操作不加分，到时终止操作考核。

6. 评分记录表

锉刀使用操作评分记录表

操作时间：5min　　考生：　　操作用时：

序号	考核内容	操作规程	评分要素	评分标准	配分	扣分	得分
1	准备	1. 穿戴好劳动保护用品； 2. 准备工具：200mm 锉刀、大布、钢丝刷、手套	准备工具	1. 劳保穿戴不整齐扣 5 分； 2. 未准备工具及材料扣 5 分； 3. 少准备一件扣 2 分	10		
2	使用前检查	1. 检查锉刀挫纹有无断齿； 2. 检查锉柄与锉梢连接是否牢固； 3. 新锉刀使用前要清除干净防锈油膜	检查压力钳完好	1. 未检查锉刀挫纹有无断齿扣 5 分； 2. 未检查锉柄与锉梢连接情况扣 5 分； 3. 新锉刀未清除干净防锈油膜扣 5 分	15		

续表

序号	考核内容	操作规程	评分要素	评分标准	配分	扣分	得分
3	使用方法及注意事项	1. 新锉齿刃比较尖锐，不要先用来锉削毛坯硬皮或工件的棱角与狭面，避免爆齿； 2. 使用锉刀时，锉削推进速度不宜过大，也不能用力过猛；不宜用2号（中齿）、3号（细齿）挫纹锉削软金属，以防屑末淤塞； 3. 先用粗锉，当接近要求尺寸时，改用细锉； 4. 锉刀使用时，先用一面齿，用钝后再用另一面； 5. 交叉锉时，锉刀运动方向与工件夹持方向成30°~40°； 6. 锉齿堵塞，可用钢丝刷清理剔除； 7. 不得用手摸刚锉过的表面或在锉件上涂油脂； 8. 不得用锉刀敲、翘其他物体，以免折断锉刀而发生事故； 9. 不得将锉刀重叠放置或与其他工具堆放在一起； 10. 锉削时锉刀不能撞击到工件，以免锉刀柄脱落造成事故	规范操作，正确使用工具	1. 新锉刀使用不合理造成爆齿扣10分； 2. 锉刀选用不合适扣5分； 3. 锉刀使用不规范，一次扣3分； 4. 锉齿堵塞未及时用钢丝刷清理剔除扣5分； 5. 交叉锉时，锉刀运动方向与工件夹持方向未达到30°~40°之间扣5分； 6. 用手摸刚锉过的表面或在锉件上涂油脂，一次扣5分； 7. 使用锉刀敲、翘其他物体，一次扣5分； 8. 锉刀重叠放置或与其他工具堆放，一次扣2分； 9. 锉刀撞击工件，一次扣2分	55		
4	维护保养	1. 使用后须用钢丝刷去除挫纹中的屑末； 2. 如长期不用须涂抹防锈油	工具保养到位	1. 使用后未用钢丝刷去除挫纹中的屑末扣5分； 2. 长期不用未涂抹防锈油扣5分	10		
5	清理场地	清理现场，收拾工具	收拾工具，清理场地	1. 未清理现场扣5分； 2. 工具少收一件扣2分	10		

续表

序号	考核内容	操作规程	评分要素	评分标准	配分	扣分	得分
6	安全文明操作	1. 遵守国家或企业有关安全规定； 2. 操作过程中严格遵守“四不伤害”原则	遵守国家或企业有关安全规定	1. 每违反一项规定，从总分中扣5分； 2. 因操作不当造成人身伤害、环境污染、工具、设备损坏，从总分中扣20分； 3. 严重违规终止操作			
备注							
合　计					100		

考评员：　　　　　　　　　　核分员：　　　　　　　　　　年　月　日

十七、克丝钳使用操作

1. 考核要求

(1) 必须穿戴劳动保护用品。
(2) 操作规程符合安全文明操作。
(3) 按规定完成操作项目，质量达到技术要求。
(4) 操作完毕，做到“工完、料净、场地清”。

2. 准备要求

(1) 工具准备：

序　号	名　称	规　格	数　量	备　注
1	克丝钳		1 把	分为钢丝钳、尖嘴钳、断线钳、扁嘴钳、斜口钳等

(2) 材料准备：

序　号	名　称	规　格	数　量	备　注
1	大布		1 块	
2	手套		1 副	

(3) 工具、用具准备：

序　号	名　称	规　格	数　量	备　注
1	铁丝		0. 5kg	
2	油壶		1 把	

3. 操作程序说明

1) 使用前检查
(1) 检查钳轴是否灵活好用。
(2) 检查绝缘套是否有破损。
(3) 检查刀口、齿口、铡口、钳口是否有损伤。
2) 使用方法及注意事项
(1) 不能在工作环境 100℃以上情况下使用，以防塑料套熔化。
(2) 不能剪硬质合金钢。

(3) 不能当作榔头使用。

(4) 带电作业时，应检查胶把是否完好，并注意手钳绝缘胶把的耐压，带电作业不得超压。

(5) 带电作业时，不得用钳口同时剪切相线和零线，或同时剪切两根相线(均会造成线路短路)。

(6) 使用时不能用尖嘴去撬工件，以免钳嘴变形。

(7) 钳轴要注油，防止锈死，不灵活。

3) 维护保养

(1) 使用后去污擦净。

(2) 如长期不用须涂抹防锈油保存。

4) 清理场地

清理现场，收拾工具。

4. 考核规定说明

(1) 如发现操作过程中可能发生重大违章(如人身伤害、环境污染、工具、设备损坏等)，将终止操作。

(2) 考核采用百分制，考核项目得分按鉴定比重进行折算。

(3) 考核方式说明：本项目为实际操作题，考核过程按评分标准及操作过程进行评分。

(4) 考评技能说明：本项目主要测试考生对克丝钳使用操作技能掌握的熟练程度。

5. 考核时限

(1) 准备工作：1min(不计入考核时间)。

(2) 正式操作时间：3min。

(3) 提前完成操作不加分，到时终止操作考核。

6. 评分记录表

克丝钳使用操作评分记录表

操作时间：3min　　　　考生：　　　　操作用时：

序号	考核内容	操作规程	评分要素	评分标准	配分	扣分	得分
1	准备	1. 穿戴好劳动保护用品； 2. 准备工具：克丝钳、大布、手套、铁丝、油壶	准备工具	1. 劳保穿戴不整齐扣5分； 2. 未准备工具扣5分，多、少一件扣1分	10		
2	使用前检查	1. 检查钳轴是否灵活好用； 2. 检查绝缘套是否有破损； 3. 检查刀口、齿口、铡口、钳口是否有损伤	检查克丝钳完好	1. 未检查钳轴扣5分； 2. 未检查绝缘套扣5分； 3. 未检查刀口、齿口、铡口、钳口，一处扣2分	15		

续表

序号	考核内容	操作规程	评分要素	评分标准	配分	扣分	得分
3	使用方法及注意事项	1. 不能在工作环境100℃以上情况下使用，以防塑料套熔化（口述）； 2. 不能剪硬质合金钢； 3. 不能当作榔头使用； 4. 带电作业，检查胶把是否完好，手钳绝缘胶把耐压，带电作业不得超压（口述）； 5. 带电作业时，不得用钳口同时剪切相线和零线，或同时剪切两根相线（均会造成线路短路）（口述）； 6. 使用时不能用尖嘴去撬工件，以免钳嘴变形； 7. 钳轴要注油，防止锈死	规范操作，正确使用工具	1. 在100℃以上工作环境下使用扣10分； 2. 剪硬质合金钢扣5分； 3. 当榔头使用，一次扣3分； 4. 未口述：带电作业不得超压扣5分； 5. 未口述：带电作业时，不得用钳口同时剪切相线和零线，或同时剪切两根相线扣5分； 6. 用克丝钳撬、绞、垫、顶工件，一次扣5分	55		
4	维护保养	1. 使用后去污擦净； 2. 如长期不用须涂抹防锈油保存	工具保养到位	1. 未去污擦净扣5分； 2. 长期不用未在钳轴涂抹防锈油扣5分	10		
5	清理场地	清理现场，收拾工具	收拾工具清理场地	1. 未清理现场扣5分； 2. 工具少收一件扣2分	10		
6	安全文明操作	1. 遵守国家或企业有关安全规定； 2. 操作过程中严格遵守“四不伤害”原则	遵守国家或企业有关安全规定	1. 每违反一项规定，从总分中扣5分； 2. 因操作不当造成人身伤害、环境污染、工具、设备损坏，从总分中扣20分； 3. 严重违规终止操作			
备注							
合计					100		

考评员： 核分员： 年 月 日

十八、卡钳使用操作

1. 考核要求

（1）必须穿戴劳动保护用品。

（2）操作规程符合安全文明操作。

（3）按规定完成操作项目，质量达到技术要求。

（4）操作完毕，做到“工完、料净、场地清”。

2. 准备要求

（1）工具准备：

序　号	名　称	规　格	数　量	备　注
1	卡钳		1把	分为内卡、外卡

（2）材料准备：

序　号	名　称	规　格	数　量	备　注
1	大布		1块	
2	手套		1副	
3	记录纸		1张	
4	笔		1支	

（3）工具、用具准备：

序　号	名　称	规　格	数　量	备　注
1	钢直尺		1把	

3. 操作程序说明

1）使用前检查

（1）检查尺脚是否磨损变形。

（2）检查中轴旋转磨阻是否合适。

（3）检查尺股有无明显变形。

2）使用方法及注意事项

（1）清理工件，调整卡钳的开度，要轻敲卡钳脚，不要敲击或扭歪尺口。

（2）用外卡钳测量工件外径时，工件与卡钳应成直角，力度松紧程度适中(以不加外力，靠卡钳的自重通过被测量物为宜)。

(3) 用内卡钳测量工件内孔时，卡钳一脚靠在孔壁，另一脚探向另一侧孔壁，左右摆动测取最大尺寸。

(4) 用钢板尺测量卡钳两脚间距，量出工件尺寸，每次操作重复3遍取平均值为工件实测尺寸。

(5) 读值时眼睛正对刻度，测量要准确，误差不得超过±0.5mm。

(6) 卡钳的中轴不能自行松动。

3) 维护保养

(1) 使用后清理现场，将测量面擦净。

(2) 若长期停用，在中轴涂抹防锈油存放。

4) 清理场地

清理现场，收拾工具。

4. 考核规定说明

(1) 如发现操作过程中可能发生重大违章(如人身伤害、环境污染、工具、设备损坏等)，将终止操作。

(2) 考核采用百分制，考核项目得分按鉴定比重进行折算。

(3) 考核方式说明：本项目为实际操作题，考核过程按评分标准及操作过程进行评分。

(4) 考评技能说明：本项目主要测试考生对卡钳使用操作技能掌握的熟练程度。

5. 考核时限

(1) 准备工作：1min(不计入考核时间)。

(2) 正式操作时间：3min。

(3) 提前完成操作不加分，到时终止操作考核。

6. 评分记录表

卡钳使用操作评分记录表

操作时间：3min　　考生：　　操作用时：

序号	考核内容	操作规程	评分要素	评分标准	配分	扣分	得分
1	准备	1. 穿戴好劳动保护用品； 2. 准备工具：300mm卡钳、大布、手套、150mL油壶、400mm钢直尺、记录纸、笔	准备工具	1. 劳保穿戴不整齐扣5分； 2. 未准备工具扣5分，多、少一件扣1分	10		
2	使用前检查	1. 检查尺脚是否磨损变形； 2. 检查中轴旋转磨阻是否合适； 3. 检查尺股有无明显变形	检查卡钳完好	1. 未检查尺脚扣5分； 2. 未检查中轴扣5分； 3. 未检查尺股扣5分	15		

续表

序号	考核内容	操作规程	评分要素	评分标准	配分	扣分	得分
3	使用方法及注意事项	1. 清理工件，调整卡钳的开度，要轻敲卡钳脚，不要敲击或扭歪尺口； 2. 用外卡钳测量工件外径时，工件与卡钳应成直角，力度松紧程度适中（以不加外力，靠卡钳的自重通过被测量物为宜）； 3. 用内卡钳测量工件内孔时，卡钳一脚靠在孔壁，另一脚探向另一侧孔壁，左右摆动测取最大尺寸； 4. 用钢板尺测量卡钳两脚间距，量出工件尺寸，每次操作重复 3 遍取平均值为工件实测尺寸； 5. 读值时眼睛正对刻度，测量要准确，误差不得超过±0.5mm； 6. 卡钳的中轴不能自行松动	规范操作，正确使用工具	1. 未清理工件扣 2 分，使用不当，一次扣 2 分； 2. 测量工件方法不正确扣 10 分； 3. 读值尺寸不正确扣 10 分； 4. 测量误差超过±0.5mm 扣 10 分，重复测量少于 3 遍未取平均值扣 2 分； 5. 卡钳中轴自行松动扣 10 分	55		
4	维护保养	1. 使用后将测量面擦净； 2. 若长期停用，在中轴涂抹防锈油存放	工具保养到位	1. 未擦净测量面扣 5 分； 2. 长期停用，未在中轴涂抹防锈油扣 5 分	15		
5	清理场地	清理现场，收拾工具，填写报表	收拾工具，清理场地	1. 未清理现场扣 5 分； 2. 工具少收一件扣 2 分； 3. 未填写报表扣 5 分	10		
6	安全文明操作	1. 遵守国家或企业有关安全规定； 2. 操作过程中严格遵守“四不伤害”原则	遵守国家或企业有关安全规定	1. 每违反一项规定，从总分中扣 5 分； 2. 因操作不当造成人身伤害、环境污染、工具、设备损坏，从总分中扣 20 分； 3. 严重违规终止操作			
备注							
合　计					100		

考评员：　　　　核分员：　　　　年　月　日

十九、游标卡尺使用操作

1. 考核要求

（1）必须穿戴劳动保护用品。
（2）操作规程符合安全文明操作。
（3）按规定完成操作项目，质量达到技术要求。
（4）操作完毕，做到“工完、料净、场地清”。

2. 准备要求

（1）工具准备：

序 号	名 称	规 格	数 量	备 注
1	游标卡尺		1把	精度0.02mm

（2）材料准备：

序 号	名 称	规 格	数 量	备 注
1	大布		1块	
2	手套		1副	
3	报表		1张	
4	笔		1支	

3. 操作程序说明

1）使用前检查
（1）检查有无合格证。
（2）检查主尺、副尺刻度是否清晰，外观有无弯曲变形。
（3）检查尺口闭合时零刻度线是否对准。
（4）检查测量爪有无伤痕。
（5）检查副尺、深度尺在尺身导向槽中是否灵活好用。
（6）检查固定螺钉是否灵活好用。
2）使用方法及注意事项
（1）先擦净被测件和游标卡尺，松动游标卡尺的固定螺钉。
（2）一手握住被测件，另一手四指握住尺尾端，应先将两卡脚张开的比被测尺寸大些，而测量工件的内尺寸时，则应将两卡脚张开的比被测工件尺寸小些；然后使固定卡脚的测量面贴靠工件，轻轻用力使副尺上活动卡脚的测量面也贴紧工件，并使两卡脚测量面的连线与所测工件表面垂直，再固定游标卡尺固定螺钉。

(3) 在主尺上读出游标零位的读数，此数据为整数值(单位：mm)。

(4) 在游标上找到和主尺相重合的数值，此数值为小数部分，将上述两数值相加，即为游标卡尺测得的尺寸数据。

(5) 正确读值，每次测量不得少于3次，取平均值。

3) 维护保养

(1) 使用后清理现场，将测量面擦净合口存放。

(2) 长期停用，在尺身导向槽涂抹防锈油。

4) 清理场地

清理现场，收拾工具，做好相应记录。

4. 考核规定说明

(1) 如发现操作过程中可能发生重大违章(如人身伤害、环境污染、工具、设备损坏等)，将终止操作。

(2) 考核采用百分制，考核项目得分按鉴定比重进行折算。

(3) 考核方式说明：本项目为实际操作题，考核过程按评分标准及操作过程进行评分。

(4) 考评技能说明：本项目主要测试考生对游标卡尺使用操作技能掌握的熟练程度。

5. 考核时限

(1) 准备工作：1min(不计入考核时间)。

(2) 正式操作时间：5min。

(3) 提前完成操作不加分，到时终止操作考核。

6. 评分记录表

游标卡尺使用操作评分记录表

操作时间：5min　　考生：　　操作用时：

序号	考核内容	操作规程	评分要素	评分标准	配分	扣分	得分
1	准备	1. 穿戴好劳动保护用品； 2. 准备工具：游标卡尺、大布、手套、记录纸、笔	准备工具	1. 劳保穿戴不整齐扣5分； 2. 未准备工具扣5分，多、少一件扣1分	10		
2	使用前检查	1. 检查有无合格证； 2. 检查主尺、副尺刻度是否清晰，外观有无弯曲变形； 3. 检查尺口闭合时零刻度线是否对准； 4. 检查测量爪有无伤痕； 5. 检查副尺、深度尺在尺身导向槽中是否灵活好用； 6. 检查固定螺钉是否灵活好用	检查游标卡尺完好	1. 未检查合格证扣2分； 2. 未检查外观扣2分； 3. 未检查卡尺是否归零扣2分； 4. 未检查副尺、深度尺各扣2分； 5. 未检查固定螺钉扣2分	15		

续表

序号	考核内容	操作规程	评分要素	评分标准	配分	扣分	得分
3	使用方法及注意事项	1. 先擦净被测件和游标卡尺，松动游标卡尺的固定螺钉； 2. 一手握住被测件，另一手四指握住尺尾端，应先将两卡脚张开的比被测尺寸大些，而测量工件的内尺寸时，则应将两卡脚张开的比被测工件尺寸小些；然后使固定卡脚的测量面贴靠工件，轻轻用力使副尺上活动卡脚的测量面也贴紧工件，并使两卡脚测量面的连线与所测工件表面垂直，再固定游标卡尺固定螺钉； 3. 在主尺上读出游标零位的读数，此数据为整数值(单位：mm)； 4. 在游标上找到和主尺相重合的数值，此数值为小数部分，将上述两数值相加，即为游标卡尺测得的尺寸数据； 5. 正确读值，每次测量不得少于3次，取平均值	规范操作，正确使用工具	1. 未擦净被测件和游标卡尺扣2分；未松动固定螺钉进行操作扣3分； 2. 操作方法不规范，一处扣3分； 3. 读数方法不正确扣10分； 4. 读取数值错误，一次扣5分； 5. 测量次数少，一次扣5分； 6. 测量数值误差超过±0.02mm扣5分； 7. 工具使用不当，一次扣2分	55		
4	维护保养	1. 使用后清理现场，将测量面擦净合口存放； 2. 长期停用，在尺身导向槽涂抹防锈油	工具保养到位	1. 工具未擦拭干净扣2分，未摆放到固定位置扣2分； 2. 长期停用，工具保养不到位扣5分	10		
5	清理场地	清理现场，收拾工具，做好相应记录	收拾工具，清理场地	1. 未清理现场扣5分； 2. 工具少收一件扣2分	10		
6	安全文明操作	1. 遵守国家或企业有关安全规定； 2. 操作过程中严格遵守“四不伤害”原则	遵守国家或企业有关安全规定	1. 每违反一项规定，从总分中扣5分； 2. 因操作不当造成人身伤害、环境污染、工具、设备损坏，从总分中扣20分； 3. 严重违规终止操作			
备注							
合　计					100		

考评员：　　　　核分员：　　　　年　月　日

二十、塞尺使用操作

1. 考核要求

（1）必须穿戴劳动保护用品。

（2）操作规程符合安全文明操作。

（3）按规定完成操作项目，质量达到技术要求。

（4）操作完毕，做到“工完、料净、场地清”。

2. 准备要求

（1）工具准备：

序　号	名　称	规　格	数　量	备　注
1	塞尺		1把	

（2）材料准备：

序　号	名　称	规　格	数　量	备　注
1	大布		1块	
2	手套		1副	
3	记录纸		1张	
4	笔		1支	

3. 操作程序说明

1）使用前检查

（1）检查外观是否完好。

（2）检查塞尺表面是否清洁，数值是否清晰。

2）使用方法及注意事项

（1）塞尺使用时，应先清除塞尺和工件上的污垢，根据间隙的大小，可用一片或数片重叠在一起插入间隙内。

（2）塞尺的片容易弯曲和折断，测量时不能用力太大，测量时可用一片或几片重叠插入间隙，但不许硬插。

（3）不能测量温度较高的零件。

3）维护保养

（1）使用后要擦拭干净，及时合到夹板中去。

（2）长期停用须涂抹防锈油。

4）清理场地

清理现场，收拾工具。

4. 考核规定说明

（1）如发现操作过程中可能发生重大违章（如人身伤害、环境污染、工具、设备损坏等），将终止操作。

（2）考核采用百分制，考核项目得分按鉴定比重进行折算。

（3）考核方式说明：本项目为实际操作题，考核过程按评分标准及操作过程进行评分。

（4）考评技能说明：本项目主要测试考生对塞尺使用操作技能掌握的熟练程度。

5. 考核时限

（1）准备工作：1min（不计入考核时间）。

（2）正式操作时间：5min。

（3）提前完成操作不加分，到时终止操作考核。

6. 评分记录表

塞尺使用操作评分记录表

操作时间：5min　　考生：　　操作用时：

序号	考核内容	操作规程	评分要素	评分标准	配分	扣分	得分
1	准备	1. 穿戴好劳动保护用品； 2. 准备工具：塞尺、大布、手套、记录纸、笔	准备工具	1. 劳保穿戴不整齐扣5分； 2. 未准备工具扣5分，多、少一件扣1分	10		
2	使用前检查	1. 检查外观是否完好； 2. 检查塞尺表面是否清洁，数值是否清晰	检查塞尺完好	1. 未检查外观扣5分； 2. 未清理塞尺扣5分； 3. 未查看数值清晰度扣5分	15		
3	使用方法及注意事项	1. 塞尺使用时，应先清除塞尺和工件上的污垢，根据间隙的大小，可用一片或数片重叠在一起插入间隙内； 2. 塞尺的片容易弯曲和折断，测量时不能用力太大，测量时可用一片或几片重叠插入间隙，但不许硬插； 3. 不能测量温度较高的零件	规范操作，正确使用工具	1. 未清理塞尺和工作面扣10分； 2. 操作方法不正确扣10分； 3. 造成塞尺片弯曲、折断扣20分； 4. 测量温度较高零件扣10分； 5. 测量误差超过±0.02mm扣5分	50		

续表

序号	考核内容	操作规程	评分要素	评分标准	配分	扣分	得分
4	维护保养	1. 使用后要擦拭干净，及时合到夹板中去； 2. 长期停用须涂抹防锈油	工具保养到位	1. 使用后未擦拭干净扣5分； 2. 使用后未及时合到夹板中扣5分； 3. 长期停用未涂抹防锈油扣5分	15		
5	清理场地	清理现场，收拾工具，填写报表	收拾工具，清理场地	1. 未清理现场扣5分； 2. 工具少收一件扣2分； 3. 未记录数据扣3分	10		
6	安全文明操作	1. 遵守国家或企业有关安全规定； 2. 操作过程中严格遵守“四不伤害”原则	遵守国家或企业有关安全规定	1. 每违反一项规定，从总分中扣5分； 2. 因操作不当造成人身伤害、环境污染、工具、设备损坏，从总分中扣20分； 3. 严重违规终止操作			
备注							
合　计					100		

考评员：　　　　核分员：　　　　年　月　日

二十一、水平仪使用操作

1. 考核要求

(1) 必须穿戴劳动保护用品。
(2) 操作规程符合安全文明操作。
(3) 按规定完成操作项目，质量达到技术要求。
(4) 操作完毕，做到“工完、料净、场地清”。

2. 准备要求

(1) 工具准备：

序号	名称	规格	数量	备注
1	水平仪		1个	

(2) 材料准备：

序号	名称	规格	数量	备注
1	大布		1块	
2	手套		1副	
3	报表		1张	
4	笔		1支	

(3) 工具、用具准备：

序号	名称	规格	数量	备注
1	塞尺		1把	

3. 操作程序说明

1) 使用前检查
(1) 检查外观是否完好。
(2) 检查显示窗是否有裂纹；检查测量端面是否清洁。
2) 使用方法及注意事项
(1) 测量前应先检查水平仪的零位是否正确；将被测物测量面擦干净。
(2) 必须在水准器内的气泡完全稳定时才可读数；若气泡不居中，利用塞尺配合测量，确定找平高度。

3）维护保养

使用后擦拭干净，妥善存放。

4）清理场地

清理现场，收拾工具，做好相应记录。

4. 考核规定说明

（1）如发现操作过程中可能发生重大违章（如人身伤害、环境污染、工具、设备损坏等），将终止操作。

（2）考核采用百分制，考核项目得分按鉴定比重进行折算。

（3）考核方式说明：本项目为实际操作题，考核过程按评分标准及操作过程进行评分。

（4）考评技能说明：本项目主要测试考生对水平仪使用操作技能掌握的熟练程度。

5. 考核时限

（1）准备工作：1min（不计入考核时间）。

（2）正式操作时间：5min。

（3）提前完成操作不加分，到时终止操作考核。

6. 评分记录表

水平仪使用操作评分记录表

操作时间：5min　　考生：　　操作用时：

序号	考核内容	操作规程	评分要素	评分标准	配分	扣分	得分
1	准备	1. 穿戴好劳动保护用品； 2. 准备工具：塞尺、水平仪、大布、手套、记录笔、记录纸	准备工具	1. 劳保穿戴不整齐扣5分； 2. 未准备工具扣5分，多、少一件扣1分	10		
2	使用前检查	1. 检查外观是否完好； 2. 检查显示窗是否有裂纹； 3. 检查测量端面是否清洁	检查水平仪完好	1. 未检查外观扣5分； 2. 未检查显示窗内气泡完整扣5分； 3. 未检查测量端面扣5分	15		
3	使用方法及注意事项	1. 测量前应先检查水平仪的零位是否正确； 2. 将被测物测量面擦干净； 3. 必须在水准器内的气泡完全稳定时才可读数； 4. 若气泡不居中，利用塞尺配合测量，确定找平高度	规范操作，正确使用工具	1. 测量前未检查气泡是否在零位扣15分； 2. 测量面不清洁扣15分； 3. 气泡不稳定时读数扣20分； 4. 若气泡不居中扣20分	50		

续表

序号	考核内容	操作规程	评分要素	评分标准	配分	扣分	得分
4	维护保养	使用后擦拭干净，妥善存放	工具保养到位	1. 使用后未擦拭干净扣5分； 2. 与其他工具混放扣10分	15		
5	清理场地	清理现场，收拾工具，做好相应记录	收拾工具，清理场地	1. 未清理现场扣5分； 2. 工具少收一件扣2分； 3. 未记录数据扣3分	10		
6	安全文明操作	1. 遵守国家或企业有关安全规定； 2. 操作过程中严格遵守“四不伤害”原则	遵守国家或企业有关安全规定	1. 每违反一项规定，从总分中扣5分； 2. 因操作不当造成人身伤害、环境污染、工具、设备损坏，从总分中扣20分； 3. 严重违规终止操作			
备注							
合计					100		

考评员： 核分员： 年 月 日

二十二、钳形电流表测电流操作

1. 考核要求

(1) 必须穿戴劳动保护用品。

(2) 操作规程符合安全文明操作。

(3) 按规定完成操作项目，质量达到技术要求。

(4) 操作完毕，做到“工完、料净、场地清”。

2. 准备要求

(1) 工具准备：

序　号	名　称	规　格	数　量	备　注
1	钳形电流表		1 块	

(2) 材料准备：

序　号	名　称	规　格	数　量	备　注
1	大布		1 块	
2	绝缘手套		1 副	
3	试电笔		1 支	

3. 操作程序说明

1) 使用前检查

(1) 检查合格证、校验证。

(2) 检查磁钳口是否闭合良好、清洁。

(3) 检查外观是否完好。

(4) 检查数字显示是否清晰。

(5) 检查功能转换旋钮是否灵活好用。

2) 使用方法及注意事项

(1) 测量前要调零。

(2) 选择合适的量程，先选大量程，后选小量程或看铭牌值估算(额定电流的 2 倍或额定功率的 4 倍)。

(3) 测量时，应使被测导线处在钳口的中央，并使钳口闭合紧密，以减少测量误差。

(4) 被测线路的电压不得高于钳形电流表的额定电压。

(5) 测电流时，要戴绝缘手套。

(6) 在测量过程中，不得切换量程，需要切换量程时，应先将钳口打开。

(7) 每次只能测量一根导线的电流，不可将多根载流导线夹入钳口测量。

(8) 测量大电流后，如果还要测量小电流，应打开钳口几次，以消除铁芯中的余磁，提高测量准确度。

(9) 若被测导线为裸导线，则必须事先将邻近各相用绝缘板隔开，以免钳口张大时出现相间短路。

(10) 测量时，如果附近有其他载流导体，所测的值会受到载流导体的影响而产生误差，此时，应将钳口置于远离其他导线的一侧。

(11) 读数时要注意安全，切勿触及其他带电部分。

(12) 测量完毕，将功能开关调至“OFF”。

3) 维护保养

(1) 使用后擦拭干净，放入工具包，在干燥环境中保存。

(2) 若长期停用，取出电池。

4) 清理场地

清理现场，收拾工具，做好相应记录。

4. 考核规定说明

(1) 如发现操作过程中可能发生重大违章(如人身伤害、环境污染、工具、设备损坏等)，将终止操作。

(2) 考核采用百分制，考核项目得分按鉴定比重进行折算。

(3) 考核方式说明：本项目为实际操作题，考核过程按评分标准及操作过程进行评分。

(4) 考评技能说明：本项目主要测试考生对钳形电流表测电流操作技能掌握的熟练程度。

5. 考核时限

(1) 准备工作：1min(不计入考核时间)。

(2) 正式操作时间：5min。

(3) 提前完成操作不加分，到时终止操作考核。

6. 评分记录表

钳形电流表测电流操作评分记录表

操作时间：5min　　考生：　　操作用时：

序号	考核内容	操作规程	评分要素	评分标准	配分	扣分	得分
1	准备	1. 穿戴好劳动保护用品； 2. 准备工具：钳形电流表、大布、绝缘手套、试电笔	准备工具	1. 劳保穿戴不整齐扣5分； 2. 未准备工具扣5分，多、少一件扣1分	10		
2	使用前检查	1. 检查合格证、校验证； 2. 检查磁钳口是否闭合良好、清洁； 3. 检查外观是否完好； 4. 检查数字显示是否清晰； 5. 检查功能转换旋钮	检查钳形电流表完好	1. 未检查合格证、校验证各扣2分； 2. 未检查磁钳口扣2分； 3. 未检查外观扣2分； 4. 未检查数字显示扣2分； 5. 未检查功能转换钮扣2分	10		

续表

序号	考核内容	操作规程	评分要素	评分标准	配分	扣分	得分
3	使用方法及注意事项(7~10口述)	1. 测量前要调零； 2. 选择合适的量程，先选大量程，后选小量程或看铭牌值估算(额定电流的2倍或额定功率的4倍)； 3. 测量时，应使被测导线处在钳口的中央，并使钳口闭合紧密，以减少测量误差； 4. 被测线路的电压不得高于钳形电流表的额定电压； 5. 测电流时要戴绝缘手套； 6. 在测量过程中，不得切换量程，需切换量程时，应先将钳口打开； 7. 每次只能测量一根导线的电流，不可将多根载流导线夹入钳口测量； 8. 测量大电流后，如果还要测量小电流，应打开钳口几次，以消除铁芯中的余磁，提高测量准确度； 9. 若被测导线为裸导线，则必须事先将邻近各相用绝缘板隔开，以免钳口张大时出现相间短路； 10. 测量时，如果附近有其他载流导体，所测的值会受到载流导体的影响而产生误差，此时，应将钳口置于远离其他导线的一侧； 11. 读数时要注意安全，切勿触及其他带电部分； 12. 测量完毕，将功能开关调至“OFF”	规范操作，正确使用工具	1. 测量前未调零扣5分； 2. 量程选择不合适扣30分； 3. 测量时导线未居中扣2分，钳口未闭合扣2分； 4. 选型不合适扣30分； 5. 测量时，未戴绝缘手套扣3分； 6. 在测量过程中未打开钳口切换量程扣5分； 7. 未口述一处扣5分； 8. 读值错误扣5分； 9. 测量完毕，未调挡位扣10分	55		

续表

序号	考核内容	操作规程	评分要素	评分标准	配分	扣分	得分
4	维护保养	1. 使用后擦拭干净，放入工具包，在干燥环境中保存； 2. 若长期停用，取出电池	设备保养到位	1. 未擦拭干净扣2分，存放位置不正确扣5分； 2. 长期停用，未取出电池扣2分	15		
5	清理场地	清理现场，收拾工具，做好相应记录	收拾工具，清理场地	1. 未清理现场扣5分； 2. 工具少收一件扣2分	10		
6	安全文明操作	1. 遵守国家或企业有关安全规定； 2. 操作过程中严格遵守“四不伤害”原则	遵守国家或企业有关安全规定	1. 每违反一项规定，从总分中扣5分； 2. 因操作不当造成人身伤害、环境污染、工具、设备损坏，从总分中扣20分； 3. 严重违规终止操作			
备注							
合　计					100		

考评员：　　　　核分员：　　　　年　月　日

二十三、管钳使用操作

1. 考核要求

(1) 必须穿戴劳动保护用品。
(2) 操作规程符合安全文明操作。
(3) 按规定完成操作项目，质量达到技术要求。
(4) 操作完毕，做到“工完、料净、场地清”。

2. 准备要求

(1) 工具准备：

序　号	名　称	规　格	数　量	备　注
1	管钳		1把	

(2) 材料准备：

序　号	名　称	规　格	数　量	备　注
1	大布		1块	
2	手套		1副	
3	管件		1根	

(3) 工具、用具准备：

序　号	名　称	规　格	数　量	备　注
1	黄油		1桶	
2	钢丝刷		1把	

3. 操作程序说明

1) 使用前检查
(1) 检查活动钳口、固定钳口连接是否牢固。
(2) 检查开口调节环是否完好和灵活好用。
(3) 检查钳柄是否完好。
(4) 检查固定销钉是否牢固。
2) 使用方法及注意事项
(1) 使用管钳时两手动作应协调，松紧合适，防止打滑。

(2) 较小的管钳不能用力过大，不能配加力杠使用。

(3) 使用管钳时，管钳开口方向应与用力方向一致。

(4) 严禁钳柄末端高出头部。

(5) 管钳不得用在松、紧六角头螺栓和带棱的工件上。

(6) 不能将管钳当手锤或撬杠用。

3) 维护保养

(1) 钳口合拢。

(2) 若长期停用，钳牙、调节环、丝扣应涂抹防腐油。

4) 清理场地

清理现场，收拾工具。

4. 考核规定说明

(1) 如发现操作过程中可能发生重大违章(如人身伤害、环境污染、工具、设备损坏等)，将终止操作。

(2) 考核采用百分制，考核项目得分按鉴定比重进行折算。

(3) 考核方式说明：本项目为实际操作题，考核过程按评分标准及操作过程进行评分。

(4) 考评技能说明：本项目主要测试考生对管钳使用操作技能掌握的熟练程度。

5. 考核时限

(1) 准备工作：1min(不计入考核时间)。

(2) 正式操作时间：5min。

(3) 提前完成操作不加分，到时终止操作考核。

6. 评分记录表

管钳使用操作评分记录表

操作时间：5min　　考生：　　操作用时：

序号	考核内容	操作规程	评分要素	评分标准	配分	扣分	得分
1	准备	1. 穿戴好劳动保护用品； 2. 准备工具：管钳、大布、手套、管件、黄油、钢丝刷	准备工具	1. 劳保穿戴不整齐扣5分； 2. 未准备工具扣5分，多、少一件扣1分	10		
2	使用前检查	1. 检查活动钳口、固定钳口连接是否牢固； 2. 检查开口调节环是否完好和灵活好用； 3. 检查钳柄是否完好； 4. 检查固定销钉是否牢固	检查管钳完好	1. 未检查活动钳口、固定钳口连接扣5分； 2. 未检查开口调节环是否完好扣5分； 3. 未检查钳柄是否完好扣2分； 4. 未检查固定销钉扣5分	15		

续表

序号	考核内容	操作规程	评分要素	评分标准	配分	扣分	得分
3	使用方法及注意事项	1. 使用管钳时两手动作应协调，松紧合适，防止打滑； 2. 较小的管钳不能用力过大，不能配加力杠使用； 3. 使用管钳时，管钳开口方向应与用力方向一致； 4. 严禁钳柄末端高出头部； 5. 管钳不得用在松、紧六角头螺栓和带棱的工件上； 6. 不能将管钳当手锤或撬杠用	规范操作，禁止出现钳柄变形、弯曲、钳牙损坏	1. 打滑一次扣2分； 2. 使用加力杠扣10分； 3. 管钳开口方向与用力方向不一致扣10分； 4. 钳柄末端高出头部终止操作，受力角度不恰当扣5分； 5. 用管钳松、紧六角头螺栓和带棱的工件扣5分； 6. 敲击或当撬杠使用扣10分； 7. 管钳夹持管件位置不当扣5分	50		
4	维护保养	1. 钳口合拢； 2. 若长期停用，钳牙、调节环、丝扣应涂抹防腐油	设备保养到位	1. 使用后上下钳牙未合口扣5分； 2. 未口述：长期停用，钳牙、调节环、丝扣未涂油，一处扣5分	15		
5	清理场地	清理现场，收拾工具	收拾工具，清理场地	1. 未清理现场扣5分； 2. 工具少收一件扣2分	10		
6	安全文明操作	1. 遵守国家或企业有关安全规定； 2. 操作过程中严格遵守“四不伤害”原则	遵守国家或企业有关安全规定	1. 每违反一项规定，从总分中扣5分； 2. 因操作不当造成人身伤害、环境污染、工具、设备损坏，从总分中扣20分； 3. 严重违规终止操作			
备注							
合　计					100		

考评员：　　　　核分员：　　　　年　月　日

二十四、撬装式计量撬巡检操作

1. 考核要求

（1）必须穿戴劳动保护用品。
（2）工具、量具、用具准备齐全，正确使用。
（3）操作规程符合安全文明操作。
（4）按规定完成操作项目，质量达到技术要求。
（5）操作完毕，做到“工完、料净、场地清”。

2. 准备要求

（1）设备准备：

序　号	名　称	规　格	数　量	备　注
1	撬装阀组	常规	1台	

（2）材料准备：

序　号	名　称	规　格	数　量	备　注
1	大布		1块	
2	手套		1副	
3	报表		1张	
4	笔		1支	

（3）工具、用具准备：

序　号	名　称	规　格	数　量	备　注
1	F扳手		1把	
2	活动扳手	250mm	1把	
3	四合一气体检测仪		1台	
4	正压式呼吸器		1具	硫化氢井(站)
5	绝缘手套		1只	
6	试电笔		1支	

3. 操作程序说明

1）检查工具、用具

检查各工具、用具的可用性，须符合本次操作使用要求。

2）巡检检查

（1）检查整机运转中有无异响或者异常情况。

（2）检查机组底座是否牢靠，各部件紧固、支架脚螺栓等齐全紧固，无松动、断裂现象。

（3）检查各阀门是否开关正常，有无误开误关现象；检查阀门及流程有无渗漏。

（4）检查各压力表及传感器有无损坏，各数据是否正常。

（5）检查电器控制系统各线路连接完好、元器件开关灵活、按键完好。

（6）检查 PLC 显示各参数运行是否正常，计量数据是否正常。

（7）检查计量装置运行情况，各连接部位和紧固件有无松动迹象，检查流量计运行是否正常。

（8）检查各连接部位是否有“跑、冒、滴、漏”现象。

3）清理场地

清洁现场，收拾工具，做好相应记录。

4. 考核规定说明

（1）如发现操作过程中可能发生重大违章(如人身伤害、环境污染、设备损坏等)，将终止操作。

（2）考核采用百分制，考核项目得分按鉴定比重进行折算。

（3）考核方式说明：本项目为实际操作题，考核过程按评分标准及操作过程进行评分。

（4）测量技能说明：本项目主要测试考生对撬装式计量撬巡检操作技能掌握的熟练程度。

5. 考核时限

（1）准备工作：1min(不计入考核时间)。

（2）正式操作时间：6min。

（3）提前完成操作不加分，到时终止操作考核。

6. 评分记录表

撬装式计量撬巡检操作评分记录表

操作时间：6min　　考生：　　操作用时：

序号	考核内容	操作规程	评分要素	评分标准	配分	扣分	得分
1	准备及检查	1. 穿戴好劳动保护用品； 2. 准备工具：F 扳手、活动扳手、纸、笔、大布、手套	准备工具、用具	1. 劳保穿戴不整齐扣 5 分； 2. 未准备工具及材料扣 5 分，多、少准备一件扣 1 分	5		

续表

序号	考核内容	操作规程	评分要素	评分标准	配分	扣分	得分
2	巡检内容	1. 检查整机运转中有无异响或者异常情况； 2. 检查机组底座是否牢靠，各部件紧固、支架脚螺栓等齐全，无松动、断裂现象； 3. 检查各阀门是否开关正常，有无误开误关现象；阀门及流程有无渗漏； 4. 检查压力表及传感器有无损坏，各数据是否正常； 5. 检查电器控制系统各线路连接完好、元器件开关灵活、按键完好； 6. 检查 PLC 显示各参数运行是否正常，抄取计量数据； 7. 检查计量装置运行情况，各连接部位和紧固件有无松动迹象，检查流量计运行是否正常； 8. 检查各连接部位是否有“跑、冒、滴、漏”现象	认真检查确认分离器运行正常	1. 未检查设备运行是否正常、有无异响情况扣 5 分； 2. 未检查设备固定螺栓是否紧固、底座固定牢固扣 5 分； 3. 未检查设备流程阀门开关状态是否正常扣 10 分； 4. 未检查各仪表是否正常扣 5 分； 5. 未检查自控系统线路连接情况扣 10 分； 6. 未检查 PLC 数据运行参数是否正常扣 10 分； 7. 未检查分离器运行情况扣 10 分； 8. 有“跑、冒、滴、漏”现象未发现，一处扣 2 分； 9. 未填写运行记录该项不得分，少填、漏填，一项扣 2 分	85		
3	清理场地	清洁现场，收拾工具，做好相应记录	收拾工具清洁场地	1. 未清理现场扣除 5 分； 2. 工具少收一件扣除 2 分	10		
4	安全文明操作	1. 违反重大安全事项，终止操作； 2. 操作过程中严格遵守“四不伤害”原则	遵守国家或企业有关安全规定	1. 每违反一项规定，从总分中扣 5 分，严重违规取消考核； 2. 因操作不当造成人身伤害，从总分中扣 20 分； 3. 不正确使用工具、用具，扣分项在安全文明内扣除，一次扣 2 分，最多扣 20 分			
备注							
合计					100		

考评员： 核分员： 年 月 日

二十五、黄油枪使用及加注操作

1. 考核要求

（1）必须穿戴劳动保护用品。
（2）工具、用具准备齐全，正确使用。
（3）操作规程符合安全文明操作。
（4）按规定完成操作项目，质量达到技术要求。
（5）操作完毕，做到“工完、料净、场地清”。

2. 准备要求

（1）设备准备：

序　号	名　称	规　格	数　量	备　注
1	平板闸阀		1套	

（2）材料准备：

序　号	名　称	规　格	数　量	备　注
1	大布		1块	
2	手套		1副	
3	润滑脂		1桶	
4	活动扳手	250mm	1把	
6	黄油嘴		2只	备用
7	报表		1张	
8	笔		1支	

（3）工具、用具准备：

序　号	名　称	规　格	数　量	备　注
1	黄油枪	手动	1把	
2	铲刀	1.5″(1″=2.54cm)	1把	
3	污油桶		1只	

3. 操作程序说明

1）检查工具、用具

（1）检查手动黄油枪完好，检查手动黄油枪筒体、摇柄、前压盖、后压盖、复位锁定片、拉杆完好，筒体内弹簧灵活好用。

（2）检查各工具、用具的可用性，须符合本次操作使用要求。

2）准备工具、用具

准备附件齐全完好的黄油枪、备用黄油嘴 2 只、润滑脂 1 桶、250mm 活动扳手 1 把、1.5″铲灰刀 1 把(不能顺利加注润滑脂时起辅助作用)、污油桶(或污油盒)1 只、大布、手套等。

3）黄油枪加润滑脂操作

（1）旋开油枪头使油枪头与筒体分开。

（2）按住枪尾部的复位片让皮碗回位。

（3）打开黄油枪前端，装满黄油。

（4）用大布、铲灰刀清理筒身前端多余润滑油及油污。

（5）装上油枪头，按住枪头尾部的锁定片并将“拉杆从动把手”推进枪筒内，复位锁紧片。

（6）按紧锁紧片，连续反复拉动枪体后端拉杆几次后按住枪筒前端盖排气阀对黄油枪进行排气。

（7）用手摇动手柄确认黄油挤出。

4）使用黄油枪对阀门进行加注

（1）检查确认被加注阀门黄油嘴完好性，并对黄油嘴进行清理。

（2）黄油枪头对准阀门黄油嘴并施加适度压力摇动黄油枪手柄进行加注。

（3）加注完成后，清理干净阀门内挤出的旧黄油。

5）填写阀门维护保养记录并清理现场

（1）清理阀门表面残留黄油。

（2）清理工具、用具、现场卫生，回收工具、用具并对产生的含油大布、油脂进行分类回收。

（3）将加注润滑脂加注量、加注人、加注时间填入阀门保养记录内。

4. 考核规定说明

（1）如发现操作过程中可能发生重大违章(如人身伤害、环境污染、设备损坏等)，将取消操作。

（2）考核采用百分制，考核项目得分按鉴定比重进行折算。

（3）考核方式说明：本项目为实际操作题，考核过程按评分标准及操作过程进行评分。

（4）考评技能说明：本项目主要测试考生黄油枪油脂加注与使用操作技能掌握的熟练程度。

5. 考核时限

（1）准备工作：1min(不计入考核时间)。

（2）正式操作时间：10min。

（3）提前完成操作不加分，到时终止操作，未完成步骤不得分。

6. 评分记录表

黄油枪使用及加注操作评分记录表

操作时间：10min　　考生：　　操作用时：

序号	考核内容	操作规程	评分要素	评分标准	配分	扣分	得分
1	准备	1. 穿戴好劳动保护用品； 2. 检查确认黄油枪附件齐全、灵活好用，润滑脂牌号正确无过期变质，辅助工具、用具齐全好用； 3. 准备黄油枪 1 把、备用黄油嘴、润滑脂、250mm 活动扳手、1.5″铲灰刀（不能顺利加注润滑脂时起辅助作用）、污油桶（或污油盒）、大布	准备工具、用具	1. 劳保穿戴不整齐扣 5 分； 2. 未检查黄油枪完好扣 5 分； 3. 未核对黄油牌号、确认黄油合格性扣 5 分； 4. 未准备工具扣 5 分，多、少一件扣 1 分	15		
2	黄油枪加注使用	1. 旋开油枪头使油枪头与筒体分开； 2. 按住枪尾部的复位片让皮碗回位； 3. 打开黄油枪前端，装满黄油； 4. 用大布、铲灰刀清理筒身前端多余润滑油及油污；装上油枪头，按住枪头尾部的锁定片并将“拉杆从动把手”推进枪筒内，复位锁紧片； 5. 按紧锁紧片，连续反复拉动枪体后端拉杆几次后按住枪筒前端盖排气阀对黄油枪进行排气； 6. 用手摇动手柄确认黄油挤出	规范操作	1. 野蛮操作扣 5 分，拆卸后的黄油枪及端盖直接置于地面或操作台扣 5 分，损坏黄油枪扣 10 分； 2. 未按住复位片复位扣 5 分； 3. 未清理枪筒油污安装前端盖扣 5 分，未复位锁紧片扣 2 分； 4. 未对加注润滑脂的腔体进行排气扣 5 分； 5. 未确认黄油挤出扣 5 分，挤出黄油造成油污落地扣 10 分	40		
3	阀门注润滑油操作	1. 检查确认被加注阀门黄油嘴完好性，并对黄油嘴进行清理； 2. 黄油枪头对准阀门黄油嘴并施加适度压力摇动黄油枪手柄进行加注； 3. 加注完成后，清理干净阀门内挤出的旧黄油	规范操作	1. 未检查待加注阀门黄油嘴完好性扣 2 分，黄油嘴未进行清理扣 2 分； 2. 黄油枪枪头未扶正压牢扣 5 分； 3. 加注黄油时未全部挤出老化油脂，未见到新黄油挤出扣 10 分； 4. 未对挤出油脂进行清理扣 10 分，清理时造成油污落地而未进行处理扣 10 分，清理不干净扣 5 分	30		

续表

序号	考核内容	操作规程	评分要素	评分标准	配分	扣分	得分
4	工具、用具回收及场地清理	1. 回收工具、用具、清理现场； 2. 含油大布、油污处置	规范操作与环境保护	1. 未清理工具、用具、场地卫生扣5分； 2. 未对含油大布、油污进行分类回收处置扣10分	10		
5	填写报表	填写阀门保养记录表，内容包括阀门位号、阀门型号、注脂型号、保养时间、保养人	正确填写报表	未记录扣5分，少记录项目扣2分	5		
6	安全文明操作	1. 遵守国家或企业有关安全规定； 2. 操作过程中严格遵守“四不伤害”原则	遵守国家或企业有关安全规定	1. 每违反一项规定，从总分中扣5分； 2. 严重违规取消考核； 3. 因操作不当造成人身伤害，从总分中扣20分； 4. 工具、用具使用不当，每次从总分中扣2分，最多扣20分			
备注							
合　计					100		

考评员：　　　　　　　　核分员：　　　　　　　　年　月　日

二十六、静电阻值测试操作

1. 考核要求

(1) 必须穿戴劳动保护用品。
(2) 工具、用具准备齐全，正确使用。
(3) 操作规程符合安全文明操作。
(4) 按规定完成操作项目，质量达到技术要求。
(5) 操作完毕，做到“工完、料净、场地清”。

2. 准备要求

(1) 设备准备：

序　号	名　称	规　格	数　量	备　注
1	钳形接地测试仪	C. A6415	1 台	

(2) 材料准备：

序　号	名　称	规　格	数　量	备　注
1	手套		1 副	
2	大布		1 块	
3	报表		1 张	
4	笔		1 支	

3. 操作程序说明

1) 检查工具、用具、量具
检查各工具、用具、量具的可用性，须符合本次操作使用要求。
2) 静电阻值测试操作
(1) 检查仪器是否在校验期内。
(2) 检查钳口是否清洁闭合。
(3) 按下“ON/OFF”按钮超过 1s，对整修显示屏执行一次快速检测，打开仪器。
(4) 按下“Ω”键将仪器切换到环路电阻测试功能。
(5) 将导线嵌入钳头，导线垂直居中。
(6) 显示屏如果出现“OL”，则表示被测阻值超出了测量范围。

（7）当显示屏上出现钳形图标时，表示钳头已打开或钳头工作面磨损或不清洁，使钳头不能正确闭合。

（8）读取数值。

（9）按下“HOLD”按钮锁定测量数据。

（10）按下“ON+A”组合按钮打开数据库存储功能，然后按下“MEM”按钮把数据存储起来，最后仪器响过长声表示本次存储操作成功。

（11）按下“ON/OFF”按钮关闭仪器。

（12）清洁保养仪器并装箱。

3）填写报表

记录参数，填写报表。

4. 考核规定说明

（1）如发现操作过程中可能发生重大违章（如人身伤害、环境污染、设备损坏等），将取消操作。

（2）考核采用百分制，考核项目得分按鉴定比重进行折算。

（3）考核方式说明：本项目为实际操作题，考核过程按评分标准及操作过程进行评分。

（4）考评技能说明：本项目主要测试考生对静电阻值测试操作技能掌握的熟练程度。

5. 考核时限

（1）准备工作：1min（不计入考核时间）。

（2）正式操作时间：10min。

（3）提前完成操作不加分，到时终止操作。

6. 评分记录表

静电阻值测试操作评分记录表

操作时间：10min　　考生：　　操作用时：

序号	考核内容	操作规程	评分要素	评分标准	配分	扣分	得分
1	准备	1. 穿戴好劳动保护用品； 2. 准备工具：钳形接地测试仪（C. A6415）、报表、笔、手套、大布	准备工具、量具、用具	1. 劳保穿戴不整齐扣5分； 2. 未准备工具扣5分，多、少一件扣1分	5		
2	测试前检查	1. 检查仪器是否在校验期内； 2. 检查钳口是否清洁闭合； 3. 按下“ON/OFF”按钮超过1s，仪器对整修显示屏执行一次快速检测，打开仪器	1. 检查校验期； 2. 检查钳口是否清洁闭合； 3. 仪器对整修显示屏执行一次快速检测	1. 未检查校验期扣5分； 2. 未检查钳口是否清洁闭合扣5分； 3. 未将仪器对整修显示屏执行一次快速检测扣5分； 4. 不会打开仪器扣10分	20		

续表

序号	考核内容	操作规程	评分要素	评分标准	配分	扣分	得分
3	测试电阻	1. 按下“Ω”键将仪器切换到环路电阻测试功能； 2. 将导线嵌入钳头，导线垂直居中； 3. 显示屏如果出现“OL”，则表示被测阻值超出了测量范围； 4. 当钳形图标在显示屏上出现时，表示钳头已打开或钳头工作面磨损或不洁，使钳头不能正确闭合； 5. 读取数值； 6. 按下“HOLD”按钮锁定测量数据； 7. 按下“ON+A”组合按钮打开数据库存储功能，然后按下“MEM”按钮把数据存储起来，最后仪器响过一个长声表示本次存储操作成功完成； 8. 按下“ON/OFF”按钮关闭仪器	1. 将仪器切换到环路电阻测试功能； 2. 导线垂直居中； 3. 选择合适量程； 4. 读取数值； 5. 锁定测量数据； 6. 数据存储； 7. 测量时口述：NOISE 信号表示环路存在干扰电流，不能保证测量值的精度；电阻低于 0.1Ω 信号，此时测量值的精度不能保证； 8. 关闭仪器	1. 未将仪器切换到环路电阻测试功能扣 10 分； 2. 导线未垂直居中，一次扣 5 分； 3. 未选择合适量程扣 10 分； 4. 读数错误扣 5 分； 5. 不会锁定数值扣 5 分； 6. 不会存储数据扣 5 分； 7. 未口述，一条扣 5 分； 8. 未关闭仪器扣 5 分	50		
4	清洁保养仪器	1. 清洁保养仪器； 2. 装箱	1. 钳头工作面必须擦拭干净； 2. 禁用有擦伤性的工具和有腐蚀性的溶液； 3. 将仪器装入箱内摆放整齐	1. 钳头工作面未擦拭扣 5 分； 2. 使用有擦伤性的工具或有腐蚀性的溶液扣 15 分； 3. 仪器未摆放整齐扣 5 分	20		
5	填写报表	1. 回收工具，清理现场； 2. 记录参数，填写报表	1. 记录参数，填写数据，须正确、完整、清晰、无涂改； 2. 回收工具，清理现场	1. 少记录一项扣 2 分，错误一处扣 1 分、未记录扣 5 分； 2. 未回收工具扣 5 分；少回收一件工具扣 1 分； 3. 未清理现场扣 5 分	5		
6	安全文明操作	1. 遵守国家或企业有关安全规定； 2. 操作过程中严格遵守“四不伤害”原则	遵守国家或企业有关安全规定	1. 每违反一项规定，从总分中扣 5 分； 2. 因操作不当造成人身伤害，从总分中扣 20 分； 3. 工具、用具使用不当，每次从总分中扣 2 分，最多扣 20 分； 4. 严重违规取消考核			
备注							
合　计					100		

考评员：　　　　　　　　　　核分员：　　　　　　　　　　年　月　日

二十七、四孔法兰跨接线安装操作

1. 考核要求

(1) 必须穿戴劳动保护用品。
(2) 工具、用具准备齐全，正确使用。
(3) 操作规程符合安全文明操作。
(4) 按规定完成操作项目，质量达到技术要求。
(5) 操作完毕，做到“工完、料净、场地清”。

2. 准备要求

(1) 设备准备：

序 号	名 称	规 格	数 量	备 注
1	油气流程管段			根据现场对管径、法兰直径、螺栓等规格进行定量定参数

(2) 材料准备：

序 号	名 称	规 格	数 量	备 注
1	线鼻子		4只	根据现场螺栓规格调整
2	扁铜线	横截面不小于4mm^2	100mm	
3	手套		1副	
4	大布		1块	

(3) 工具、量具、用具准备：

序 号	名 称	规 格	数 量	备 注
1	钢卷尺	2m	1把	
2	活动扳手	250mm	2把	
3	梅花扳手	19mm×22mm	1把	根据现场螺栓规格调整
4	平锉刀	250mm	1把	
5	榔头	0.5kg	1个	或是专用压线钳
6	剪刀	专用铁皮剪	1把	

3. 操作程序说明

1）检查工具、用具

劳保着装整齐，检查工具、用具是否齐全完好，考核所提供材料应满足本次考核要操作要求。

2）准备工具、用具

选手选取工具、用具：规格合适满足操作数量的线鼻子、扁铜线、钢卷尺、活动扳手、梅花扳手、锉刀、榔头、专用剪刀。

3）加装跨接线操作步骤

（1）裁判指定须加装静电跨接线短节或阀门。

（2）选手使用量具测取加装两法兰最远端面间距，并使用剪刀裁取两法兰最远端面间距+100mm 长度编织铜线。

（3）选手制作完成静电接地线后，将制作完成的跨接线交裁判验视。

（4）拆卸欲进行安装法兰单条螺栓。

（5）使用锉刀对法兰面与线鼻子接触面除锈。

（6）安装静电跨接线并进行紧固牢靠。

（7）收拾工具、用具打扫场地卫生，结束考核。

4. 操作考核依据标准

易燃易爆管道法兰间静电跨接及跨接铜芯线截面积设计标准如下；

（1）GB 50303—2002《建筑电气工程施工质量验收规范》规定：金属电缆桥架及其支架和引入或引出的金属电缆导管必须接地（PE）或接零（PEN）可靠，且必须符合下列规定：金属电缆桥架及其支架全长应不少于两处与接地（PE）或接零（PEN）干线相连接；非镀锌电缆桥架间连接板的两端跨接铜芯接地线，接地线最小允许截面积不小于 $4mm^2$。

（2）GB 50243—2002《通风与空调工程施工质量验收规范》规定：燃油管道系统必须设置可靠的防静电接地装置，其管道法兰应采用镀锌螺栓连接或在法兰处用铜导线进行跨接，且接合良好。

（3）GB 50235—97《工业金属管道工程施工及验收规范》规定：有静电接地要求的管道，各段管子间应导电。当每对法兰或螺纹接头间电阻值超过 0.03Ω 时，应设导线跨接。

（4）（2）中虽然没有明确铜芯接地线的接地线最小允许截面积，但由于这里的原理同“非镀锌电缆桥架间连接板的两端跨接铜芯接地线”是一样的，虽然易燃易爆在管道中流动的静电未必比电缆桥架中的大，但由于易燃易爆输送的危险性更大，所以我们认为必须不小于 $4mm^2$。

（5）在石化行业，由于静电对液化石油气的使用安全构成危害，由于规范和施工图中只提出原则性要求，故有赖于施工监理和安全人员全面考虑以下问题，避免留下安全隐患。考虑选用的泵排量与管道是否相配，管道内流体流速应小于 3m/s，推荐的经济流速为 0.8～1.4m/s。

5. 考核规定说明

(1) 如操作违章，将停止考核。

(2) 考核采用百分制，考核项目得分按鉴定比重进行折算。

(3) 考核方式说明：本项目为实际操作题，考核过程按评分标准及操作过程进行评分。

(4) 考核技能说明：本项目主要测试考生掌握静电跨接线安装的熟练程度。

6. 考核时限

(1) 准备工作：1min(不计入考核时间)。

(2) 正式操作时间：10min。

(3) 选手制作完成静电接地线交裁判进行验视，验视过程中暂停计时，验视完毕后继续计时。提前完成操作不加分，每超过 1min 从总分中扣 2 分，总超时 5min 停止工作，按完成项进行评分。

7. 评分记录表

四孔法兰跨接线安装操作评分记录表

操作时间：10min　　考生：　　操作用时：

序号	考核内容	操作规程	评分要素	评分标准	配分	扣分	得分
1	工具准备	1. 穿戴好劳动保护用品； 2. 准备工具、用具：铜线、活动扳手、梅花扳手、榔头、剪刀、钢板尺、合适规格铜线鼻子	准备工具、用具	1. 劳保穿戴不整齐扣 5 分； 2. 未准备工具扣 5 分，多、少一件扣 1 分	10		
2	跨接线安装操作	1. 量取所加跨接线两法兰外端面距离； 2. 按需裁取合适长度所需跨接线； 3. 跨接线压线鼻子； 4. 拆卸法兰螺栓； 5. 打磨法兰接线端面； 6. 安装跨接线	规范操作	1. 钢卷尺使用、量取不正确扣 2 分； 2. 裁取跨接线长度不符合要求(裁取长度为两法兰最远端面间距+50mm 长度)，偏差超过 20mm 扣 2 分； 3. 戴手套使用榔头扣 10 分，未压实扣 2 分，线鼻子压制未平整美观扣 1 分； 4. 拆卸螺栓工具使用不当扣 2 分； 5. 未打磨法兰与线鼻子接触面扣 10 分，打磨未见金属本色扣 5 分； 6. 铜线鼻子装反扣 2 分，安装后螺帽两端螺杆长度目测不相等扣 3 分，螺帽与螺栓丝扣未完全咬合扣 5 分，安装后跨接线不平扣 2 分	85		
3	工具收回收	1. 回收工具、用具； 2. 打扫现场	规范整理	1. 未清洁工具、用具扣 2 分，少回收一件工具扣 1 分； 2. 未清理现场卫生扣 2 分	5		

续表

序号	考核内容	操作规程	评分要素	评分标准	配分	扣分	得分
4	安全文明操作	1. 遵守国家或企业有关安全规定； 2. 操作过程中严格遵守“四不伤害”原则	遵守国家或企业有关安全规定	1. 每违反一项规定，从总分中扣 5 分； 2. 严重违规取消考核； 3. 因操作不当造成人身伤害，从总分中扣 20 分； 4. 工具、用具使用不当，每次从总分中扣 2 分，最多扣 20 分			
备注							
合计					100		

考评员：　　　　核分员：　　　　年　月　日

二十八、加热炉加水操作

1. 加热炉规格

（1）常用加热炉的规格主要有180kW、200kW、400kW。

（2）压力等级范围壳程0.4MPa，管程4MPa/25MPa。

2. 考核要求

（1）必须穿戴劳动保护用品。

（2）工具、用具准备齐全，正确使用。

（3）操作规程符合安全文明操作。

（4）按规定完成操作项目，质量达到技术要求。

（5）操作完毕，做到“工完、料净、场地清”。

3. 准备要求

（1）设备准备：

序　号	名　称	规　格	数　量	备　注
1	水套炉	400kW	1套	

（2）材料准备：

序　号	名　称	规　格	数　量	备　注
1	大布		1块	
2	手套		1副	
3	记录纸		1张	
4	笔		1支	

（3）工具、用具准备：

序　号	名　称	规　格	数　量	备　注
1	开口扳手	17~19	1把	
2	压力表		1块	
3	F扳手		1把	

4. 操作程序说明

1）关小供气阀门，缓慢调低炉温

（1）关小供气阀门(手动)，将炉温调制 50℃(口述)。

（2）按要求缓慢降低设定温度(自动)，将炉温下降至 50℃(口述)。

2）检查液位计

（1）记录好液位。

（2）先关闭下流阀门，后关闭上流阀门。

（3）开放空阀门泄压至污油桶内。

（4）有上部丝堵的，应卸掉上部丝堵。

（5）查看液位计是否完好，液位是否落零，液位显示是否真实有效。

3）确认液位计液位

（1）上紧顶部丝堵，关闭放空阀门。

（2）缓慢打开上下流阀门，不渗不漏后观察液位至稳定状态。

（3）可重复操作 2)、3)步骤，确认液位显示真实。

（4）如无法确认液位计显示液位，可将液位计拆下确认。

4）加热炉补水

（1）确认加热炉液位低于 1/2，须补水。

（2）查看炉温待炉温下降至 50℃时进行补水(口述)。

（3）打开加热炉顶部排气阀门。

（4）打开补水管线阀门。

（5）启动补水泵

（6）待液位计显示在 1/2~2/3 之间时，停补水泵，关闭补水阀门。

（7）关闭排气阀门。

5）调整炉温

调整炉温至生产需求。

6）填写报表，回收工具，清理现场

（1）记录参数，填写报表。

（2）回收工具，清理现场。

5. 考核规定说明

（1）如发现操作过程中可能发生重大违章(如人身伤害、环境污染、设备损坏等)，将取消操作。

（2）考核采用百分制，考核项目得分按鉴定比重进行折算。

（3）考核方式说明：本项目为实际操作题，考核过程按评分标准及操作过程进行评分。

（4）考评技能说明：本项目主要测试考生对加热炉补水操作技能掌握的熟练程度。

6. 考核时限

（1）准备工作：1min(不计入考核时间)。

（2）正式操作时间：8min。

（3）提前完成操作不加分，到时终止操作考核。

7. 评分记录表

加热炉加水操作评分记录表

操作时间：8min　　考生：　　操作用时：

序号	考核内容	操作规程	评分要素	评分标准	配分	扣分	得分
1	准备	1. 穿戴好劳动保护用品； 2. 准备工具：大布、手套、记录纸、笔、开口扳手、压力表、F扳手	准备工具、用具	1. 劳保穿戴不整齐扣5分； 2. 未准备工具扣5分，多、少一件扣1分	10		
2	调整炉温下降温度	1. 关小供气阀门(手动)，将炉温调制50℃(口述)； 2. 按要求缓慢降低设定温度(自动)，将炉温下降至50℃(口述)	规范操作	未调整炉温扣10分	10		
3	检查液位计	1. 记录好液位； 2. 先关闭下流阀门，后关闭上流阀门； 3. 开放空阀门泄压至污油桶内； 4. 有上部丝堵的，应卸掉上部丝堵； 5. 查看液位计是否完好，液位是否落零	规范操作	1. 未记录液位扣5分； 2. 未按顺序关闭阀门扣5分，未完全关闭阀门扣10分； 3. 未放空泄压扣10分，未确认液位计完好扣10分	30		
4	确认液位计液位	1. 上紧顶部丝堵，关闭放空阀门； 2. 缓慢打开上下流阀门，不渗不漏后观察液位至稳定状态； 3. 可重复操作上述步骤，确认液位显示真实； 4. 如无法确认液位计显示液位，可将液位计拆下确认	规范操作	未确认液位真实性终止操作			
5	加热炉补水	1. 确认加热炉液位低于1/2，须补水； 2. 查看炉温待炉温下降至50℃时进行补水(口述)； 3. 打开加热炉顶部排气阀门； 4. 打开补水管线阀门； 5. 启动补水泵； 6. 待液位计液位补水至正常位置后(1/2～2/3之间)停补水泵，关闭补水阀门； 7. 关闭排气阀门	规范操作	1. 未打开排气阀扣10分； 2. 未查看炉温扣10分； 3. 液位未达到规定扣15分； 4. 未关闭补水阀门终止操作； 5. 未关闭排气阀门扣10分	45		

续表

序号	考核内容	操作规程	评分要素	评分标准	配分	扣分	得分
6	调整炉温上升温度	按要求缓慢调整炉温至生产需求	按要求操作	未调整炉温扣5分	5		
7	安全文明操作	1. 遵守国家或企业有关安全规定； 2. 操作过程中严格遵守“四不伤害”原则	遵守国家或企业有关安全规定。	1. 违反一项规定，从总分中扣5分； 2. 严重违规取消考核； 3. 因操作不当造成人身伤害，从总分中扣20分； 4. 工具、用具使用不当，每次从总分中扣2分，最多扣20分			
备注							
合　计					100		

考评员：　　　　　　　　　　核分员：　　　　　　　　　　年　月　日

二十九、腕式硫化氢检测仪操作

1. 考核要求

(1) 必须穿戴劳动保护用品。
(2) 工具、用具准备齐全，正确使用。
(3) 操作规程符合安全文明操作。
(4) 按规定完成操作项目。
(5) 操作完毕，做到“工完、料净、场地清”。

2. 准备要求

(1) 设备准备：

序号	名称	规格	数量	备注
1	腕式硫化氢检测仪	GW-2C	1台	

(2) 材料准备：

序号	名称	规格	数量	备注
1	锂电池	3V	1块	
2	眼镜布		1块	

(3) 工具、用具准备：

序号	名称	规格	数量	备注
1	梅花起子		1把	
2	正压式呼吸器		1套	硫化氢井(站)

3、操作程序说明

1) 检查工具、用具、量具
检查各工具、用具、量具的可用性，是否符合本次操作使用要求。
2) 开机前检查
(1) 检查外观是否合格。
(2) 检查校验标签日期是否在有效期内。

（3）检查吸入口滤纸是否清洁。

3）开机检查

（1）打开检测仪：检查蜂鸣器声音，检查振动器振动、显示屏显示、警报灯和液晶屏的背光照明是否正常。

（2）检查目标气体、时间、电池能量显示是否正常，再次确认蜂鸣器是否发声。

4）腕式硫化氢检测仪调零

开机后，在新鲜空气环境中（无有毒或易燃气体，氧气含量正常的环境）调整零点。

5）使用

（1）正确佩戴正压式空气呼吸器。

（2）将检测仪带至检测地点测取硫化氢数值。

（3）数值确认后，返回安全场所。

6）腕式硫化氢检测仪关闭

同时按住“POWER”“MODE”按键约 5s，确认关闭。

7）腕式硫化氢检测仪更换电池

（1）确认 GASWATCH2 电源关闭。

（2）拆开后盖。

（3）取出旧电池。

（4）装入新电池（注意电池极性）。

（5）重新安装后盖。

4. 考核规定说明

（1）如操作违章，将停止考核。

（2）考核采用百分制，考核项目得分按鉴定比重进行折算。

（3）考核方式说明：本项目为实际操作题，考核过程按评分标准及操作过程进行评分。

（4）测量技能说明：本项目主要测试考生对腕式硫化氢检测仪使用技能掌握的熟练程度。

5. 考核时限

（1）准备工作：1min（不计入考核时间）。

（2）正式操作时间：15min。

（3）提前完成操作不加分，到时停止操作考核。

6. 评分记录表

腕式硫化氢检测仪操作评分记录表

操作时间：15min　　考生：　　操作用时：

序号	考核内容	操作规程	评分要素	评分标准	配分	扣分	得分
1	准备	1. 穿戴好劳动保护用品； 2. 准备工具：锂电池、眼镜布、梅花起子、正压式呼吸器	准备工具、用具	1. 劳保穿戴不整齐扣 5 分； 2. 未准备工具扣 5 分，多、少一件扣 1 分	5		

续表

序号	考核内容	操作规程	评分要素	评分标准	配分	扣分	得分
2	开机前检查	1. 检查外观是否合格； 2. 检查校验标签日期是否在有效期内； 3. 检查吸入口滤纸是否清洁	外观完好无破损，校验标签日期在有效期内	1. 未检查显示屏外壳有无破损扣3分； 2. 未检查表带或表扣3分； 3. 未确认校验标签日期在有效期内扣5分； 4. 未检查吸入口滤纸扣5分	15		
3	开机检查	1. 打开检测仪：检查蜂鸣器声音，检查振动器振动、显示屏显示、警报灯和液晶屏的背光照明是否正常； 2. 检查目标气体、时间、电池能量显示是否正常，再次确认蜂鸣器是否发声	蜂鸣器声音正常，振动器振动、显示屏显示正常	1. 未检查确认蜂鸣器声音扣3分； 2. 未检查确认振动器振动扣3分； 3. 未检查确认显示屏各项数据是否正常显示扣5分； 4. 未再次确认蜂鸣器是否发声扣5分	15		
4	调零	开机后，在新鲜空气环境中（无有毒或易燃气体，氧气含量正常的环境）调整零点	选择环境，调零操作	1. 环境选择不合理扣5分； 2. 不会调零操作，该项不得分	15		
5	腕式硫化氢检测仪使用	1. 正确佩戴正压式空气呼吸器； 2. 将检测仪带至检测地点测取硫化氢数值； 3. 数值确认后，返回安全场所	正确使用腕式硫化氢检测仪	1. 未正确佩戴正压式空气呼吸器扣10分； 2. 不会使用硫化氢检测仪，该项不得分； 3. 不会读取数据扣5分，数据测取不准确扣3分	25		
6	腕式硫化氢检测仪关闭	同时按住“POWER”“MODE”按键约5s，确认关闭	正确关闭腕式硫化氢检测仪	不会正确关机该项不得分	5		
7	更换电池	1. 确认GASWATCH2电源关闭； 2. 拆开后盖； 3. 取出旧电池； 4. 装入新电池（注意电池极性）； 5. 重新安装后盖	正确更换电池，零件无掉落，无损坏	1. 未确认关机扣5分； 2. 电池更换操作不当，一次不当扣3分； 3. 电池正负极装反，该项不得分	15		
8	清理场地	清洁现场，收拾工具，做好相应记录	收拾工具清洁场地	1. 未清理现场，从总分中扣除5分； 2. 工具少收一件，从总分中扣除2分	5		

续表

序号	考核内容	操作规程	评分要素	评分标准	配分	扣分	得分
9	安全文明操作	1. 遵守国家或企业有关安全规定； 2. 操作过程中严格遵守“四不伤害”原则	遵守国家或企业有关安全规定	1. 每违反一项规定，从总分中扣5分； 2. 因操作不当造成人身伤害，从总分中扣20分； 3. 严重违规取消考核； 4. 未正确使用工具，每次从总分中扣2分； 5. 不正确使用工具、用具，扣分项在安全文明操作项内扣除，每次扣2分，最多扣20分			
备注							
合计					100		

考评员： 核分员： 年 月 日

三十、四合一可燃气体检测仪操作

1. 考核要求

（1）必须穿戴劳动保护用品，做好自身防护(含硫化氢井必须佩戴正压式呼吸器)。
（2）正确使用四合一气体检测仪，使用时要轻拿轻放不得野蛮操作损坏仪器。
（3）严格遵循检测仪使用说明操作，要符合安全文明操作。
（4）按规定时间完成操作项目，野蛮操作终止考核。
（5）操作完毕，做到“工完、设备擦拭干净回收、场地清”。

2. 准备要求

（1）设备准备：

序　号	名　称	规　格	数　量	备　注
1	四合一可燃气体检测仪		1台	

（2）材料准备：

序　号	名　称	规　格	数　量	备　注
1	大布		1块	
2	报表		1张	
3	笔		1支	
4	电池		1块	

（3）工具、用具准备：

序　号	名　称	规　格	数　量	备　注
1	内六方扳手	2.5mm	1把	

3. 操作程序说明

1）检查工具、用具、量具

检查各工具、用具、量具的可用性，是否符合本次操作使用要求。

2）开机前的检查

（1）检查四合一可燃气体检测仪有无鉴定证书和合格证，是否在有效期内。

（2）检查检测仪外观：正反面有无裂纹、破损，检查检测仪正面和上部的进气口有无堵塞，屏幕有无划痕，卡扣是否完好。

（3）检查检测仪电池外观有无破损、鼓包现象。

3）开机

（1）安装电池，并用内六方扳手上紧螺丝。

（2）按住“OK”键约 3s 后开机(倒数 3、2、1)，激活后会有短暂的声光报警和振动报警声，检测仪完成自检过程。

4）开机后的检查

（1）检查检测仪的传感器是否正常运行：Ex、O_2、H_2S、CO 各气体的浓度测量值分别闪烁显示，还会显示一个特殊符号“！”。

（2）检查电池电量是否充足，要求电量最少在 1/2 以上。

（3）按“OK”键查看显示屏上的灯是否亮。

（4）检查检测仪的“OK”键和“+”键是否灵活好用。

（5）进行气体检测并填写气体检测记录表。

（6）使用检测仪检测气体浓度，做好自我防护。

（7）按要求填写气体检测记录表。

5）关机

（1）同时按住“OK”键和“+”键(倒数 3、2、1)。

（2）发出短暂的声光报警和振动报警声后自动关机。

6）取出电池，清理场地

（1）擦拭、回收检测仪并清理场地。

（2）用大布擦拭检测仪并回收放回盒内。

（3）清洁现场，收拾工具，做好相应使用记录。

4. 考核规定说明

（1）检测仪属于精密仪器，要轻拿轻放，不得野蛮按键操作，如发现违章操作，将停止考核。

（2）考核采用百分制，考核项目得分按鉴定比重进行折算。

（3）考核方式说明：本项目为实际操作题，考核过程按评分标准及操作过程进行评分。

（4）测量技能说明：本项目主要测试考生对四合一可燃气体检测仪操作掌握的熟练程度。

5. 考核时限

（1）准备工作：1min(不计入考核时间)。

（2）正式操作时间：5min。

（3）提前完成操作不加分，到时停止操作考核。

6. 评分记录表

四合一可燃气体检测仪操作评分记录表

操作时间：5min　　考生：　　操作用时：

序号	考核内容	操作规程	评分要素	评分标准	配分	扣分	得分
1	准备工作	1. 穿戴好劳动保护用品； 2. 准备工具：四合一检测仪，合格、鉴定证书、电池、大布、内六方扳手、报表、笔	准备设备、材料、用具	1. 劳保穿戴不整齐扣5分； 2. 未准备工具扣5分，多、少一件扣1分	5		
2	开机前的检查	1. 检查四合一可燃气体检测仪有无合格证，是否在有效期内； 2. 检查检测仪外观有无裂纹、破损； 3. 检查检测仪正面和上部的进气口有无堵塞； 4. 检查屏幕有无划痕； 5. 检查卡扣是否完好； 6. 检查电池外观有无破损、鼓包	对四合一可燃气体检测仪外观检查	1. 未检查鉴定证书和合格证、有效期扣3分； 2. 未检查检测仪外观，一处扣2分； 3. 未检查进气口有无堵塞扣5分； 4. 未检查屏幕扣3分； 5. 未检查电池扣5分	15		
3	开机	1. 正确安装电池，用内六方扳手上紧电池螺丝； 2. 按住“OK”键约3s后开机(倒数3、2、1)； 3. 激活时会有短暂的声光报警和振动报警声，检测仪完成自检过程	检测仪正常开机	1. 未正确安装电池扣3分，未用内六方扳手上螺丝扣3分； 2. 未按正确方法开机扣10分	20		
4	开机后的检查	1. 检查检测仪的传感器是否正常运行：Ex、O_2、H_2S、CO各气体的浓度测量值分别闪烁显示，还会显示一个特殊符号“!”； 2. 检查电池电量是否充足，要求电量最少在1/2； 3. 按“OK”键查看显示屏上的灯是否亮	开机后对检测仪的检查	1. 屏幕未显示完数据就操作扣10分，未检查屏幕显示“!”扣3分； 2. 未检查电池电量扣5分； 3. 未检查灯光扣5分	20		

续表

序号	考核内容	操作规程	评分要素	评分标准	配分	扣分	得分
5	检测气体填写记录	1. 按规范检测气体浓度； 2. 按要求填写气体记录表	使用检测仪检测各气体浓度并正确填写气体记录表	1. 未检测气体浓度和未说明做好自我防护该项不得分； 2. 未填写记录扣 10 分，记录不全少一处扣 2 分	20		
6	关机	1. 同时按住“OK”键和“+”键（倒数 3、2、1）关机； 2. 发出短暂的声光报警和振动报警声后关机； 3. 取出电池	关闭检测仪	1. 关机方法错误扣 5 分； 2. 未取出电池扣 3 分	10		
7	擦拭回收仪器，清理现场	1. 用大布擦拭检测仪； 2. 放入指定的盒内； 3. 清洁现场，收拾工具，做好相应记录	清洁仪器放入盒内，清理现场	1. 未按规范擦拭检测仪扣 3 分； 2. 未将检测仪放入规定地方扣 3 分； 3. 未清理现场扣 2 分，工具少收一件扣 2 分	10		
8	安全文明操作	1. 遵守国家或企业有关安全规定； 2. 操作过程中严格遵守“四不伤害”原则； 3. 要求使用时要轻拿轻放，严禁野蛮操作	遵守国家或企业有关安全规定	1. 每违反一项规定，从总分中扣 5 分； 2. 因操作不当造成人身伤害，从总分中扣 20 分； 3. 严重违规和损坏仪器取消考核； 4. 不正确使用工具、用具，扣分项在安全文明操作项内扣除；每次扣 2 分，最多扣 20 分			
备注							
			合　计		100		

考评员：　　　　　　　　核分员：　　　　　　　　年　月　日

中级工

三十一、电动机轴承加注润滑脂操作

1. 考核要求

(1) 必须穿戴劳动保护用品。
(2) 工具、量具、用具准备齐全，正确使用。
(3) 操作规程符合安全文明操作。
(4) 按规定完成操作项目，质量达到技术要求。
(5) 操作完毕，做到“工完、料净、场地清”。

2. 准备要求

(1) 设备准备：

序 号	名 称	规 格	数 量	备 注
1	电动机	5. 5kW	1 台	

(2) 材料准备：

序 号	名 称	规 格	数 量	备 注
1	润滑脂	二硫化钼	1 桶	
2	大布		1 块	
3	清洗剂		1 桶	

(3) 工具、用具、量具准备：

序 号	名 称	规 格	数 量	备 注
1	活动扳手	200mm、250mm	各 1 把	
2	F 形扳手		1 把	
3	平口螺丝刀	150mm	1 把	
4	铜棒	ϕ10mm、ϕ40mm	各 1 根	
5	卡簧钳		1 个	
6	锄头		1 个	
7	试电笔		1 支	
8	绝缘手套		1 副	

续表

序　号	名　称	规　格	数　量	备　注
9	污油盆		1个	
10	毛刷		1把	
11	警示牌		1个	
12	两爪拉力器		1个	
13	三抓拉力器		1个	
14	枕木		2块	
15	开口扳手		1套	
16	十字螺丝刀		1把	
17	撬杠		1根	
18	千分尺		1把	
19	铅丝		若干	

3. 操作程序说明

1）检查工具、用具、量具

（1）检查各工具、用具、量具的可用性，是否符合本次操作的使用要求。

（2）检查千分尺是否具有合格证，鉴定证书是否在有效期内，检查外观是否完好。

（3）检查试电笔是否合格。

（4）检查绝缘手套鉴定证书是否在有效期内。

2）停泵

（1）按下停机按钮停止运行，停机时必须严格执行戴绝缘手套操作规程。

（2）用试电笔对配电柜进行验电，确认无电后，手戴绝缘手套打开柜门，侧身拉闸断电，关闭柜门(脸部必须避开空气开关)。

（3）在柜门把手上悬挂“禁止合闸”警示牌。

（4）拆掉电机电源线。

（5）卸掉电机地脚螺栓，机泵错位，将电机放在维修台。

3）卸护罩、风扇

（1）用粉笔在在风扇护罩和电机上划线做好标记。

（2）卸掉风扇护罩固定螺丝（先拆下部，后拆上部）。

（3）取下卡簧。

（4）取下风扇片。

（5）取下键。

4）拆电动机端盖

（1）用粉笔在端盖上做好记号。

（2）卸掉端盖固定螺栓。

（3）用铜棒轻轻敲击端盖凸起，使端盖旋转偏移。

（4）使用三爪拉力器取下端盖。

（5）用两爪拉力器取下轴承，如轴承与端盖一起被取下时，架起端盖，下部垫上干净大布，用铜棒轻轻敲击轴承，取下轴承(敲击使用“m”字敲击法)。

5）清洗加注润滑脂

（1）清洗轴承。

（2）用压铅法检查轴承间隙。

（3）对轴承加注润滑脂，加注量为轴承容积的80%。

6）安装轴承端盖

（1）将轴承装在轴上，垫上铜棒，敲击砸紧轴承。

（2）将端盖按照原先标记位置装上，敲击凸起安装到位，对角均匀紧固。

（3）清除端盖上的标记。

（4）盘电机轴，运转灵活。

7）安装风扇、护罩

（1）清洗键槽和键。

（2）安装键，安装风扇，垫上铜棒“m”字法敲击风扇，风扇到位后安装卡簧。

（3）按照标记位置装上风扇护罩，上紧固定螺丝，擦除标记。

（4）按旋转方向盘电机轴3~5圈，无阻卡为合格。

8）启泵试运

（1）电机就位，调整机泵同心度，紧固电机地脚螺栓。

（2）正确连接电机电源线。

（3）检查倒好流程，按照泵运行方向盘泵3~5圈无卡阻，摘除警示牌，送电、启泵。

（4）检查机泵运行情况。

9）回收工具，清理现场

回收工具，清理现场卫生，做好保养记录。

4. 考核规定说明

（1）如发现操作过程中可能发生重大违章(如人身伤害、环境污染、设备损坏等)，将终止操作。

（2）考核采用百分制，考核项目得分按鉴定比重进行折算。

（3）考核方式说明：本项目为实际操作题，考核过程按评分标准及操作过程进行评分。

（4）测量技能说明：本项目主要测试考生对电动机轴承加注润滑油操作技能掌握的熟练程度。

5. 考核时限

（1）准备工作：1min(不计入考核时间)。

（2）正式操作时间：25min。

（3）提前完成操作不加分，到时终止操作考核。

6. 评分记录表

电动机轴承加注润滑脂操作评分记录表

操作时间：25min 考生： 操作用时：

序号	考核内容	操作规程	评分要素	评分标准	配分	扣分	得分
1	检查、工具、用具、量具	1. 检查各工具、用具、量具的可用性，是否符合本次操作使用要求； 2. 检查千分尺是否具有合格证，鉴定证书是否在有效期内，检查外观是否完好； 3. 检查试电笔是否合格； 4. 检查绝缘手套鉴定证书是否在有效期内	检查各工具、用具、量具	1. 劳保穿戴不整齐扣5分； 2. 未准备工具扣5分，多、少一件扣1分	5		
2	停泵	1. 按下停机按钮停止运行；停机时必须严格执行戴绝缘手套操作规程； 2. 用试电笔对配电柜进行验电，确认无电后，手戴绝缘手套打开柜门，侧身拉闸断电，关闭柜门(脸部必须避开空气开关)； 3. 在柜门把手上悬挂"禁止合闸"警示牌； 4. 拆掉电机电源线； 5. 卸掉电机地脚螺栓，将电机放在维修台	按停泵要求停泵	1. 未按停泵要求停泵扣3分； 2. 未断电终止操作； 3. 按错停止按钮扣3分； 4. 未验电该项不得分； 5. 未挂警示牌扣2分； 6. 未拆电源线扣5分	10		
3	卸护罩、风扇	1. 用粉笔在风扇护罩和电机上划线做好标记； 2. 卸掉风扇护罩固定螺丝（先拆下部，后拆上部）； 3. 取下卡簧； 4. 取下风扇片； 5. 取下键	按顺序拆下护罩和电机风扇，工具使用方法	1. 未做记号扣2分； 2. 拆卸顺序错误扣5分； 3. 拆卸时操作方法不符合要求，一次扣5分	15		

续表

序号	考核内容	操作规程	评分要素	评分标准	配分	扣分	得分
4	拆电动机端盖和轴承	1. 用粉笔在端盖上做好记号； 2. 卸掉端盖固定螺栓； 3. 用铜棒轻轻敲击端盖凸起，使端盖旋转偏移； 4. 使用三爪拉力器取下端盖； 5. 用两爪拉力器取下轴承，如轴承与端盖一起被取下时，架起端盖，下部垫上干净大布，用铜棒轻轻敲击轴承，取下轴承(敲击使用“m”字敲击法)	拆卸端盖、轴承方法，工具使用方法	1. 未做记号扣2分； 2. 敲击端盖位置不在凸起处，一次扣2分，未用铜棒敲击端盖扣2分； 3. 未正确使用两爪拉力器扣5分	15		
5	清洗加注润滑脂	1. 清洗轴承； 2. 用压铅法检查轴承间隙； 3. 对轴承加注润滑脂，加注量为轴承容积的80%	清洗轴承，检查轴承间隙并加适量润滑脂	1. 未清洗轴承扣5分，未清洗干净扣3分； 2. 未检查轴承扣5分； 3. 未检查或不会检查轴承间隙扣5分； 4. 未能正确使用千分尺扣5分； 5. 未向轴承内加润滑脂扣5分，未适量加润滑脂扣3分	15		
6	安装电机轴承及盖端	1. 将轴承装在轴上，垫上铜棒，敲击砸紧轴承； 2. 正确安装端盖； 3. 清除端盖上的标记； 4. 盘电机轴，运转灵活	清洗并安装轴承及端盖	1. 未清洗轴承端盖扣3分； 2. 安装轴承操作不规范扣5分，轴承未安装到位扣5分； 3. 未按照原先标记对正扣3分，端盖安装未垫枕木扣3分，端盖螺栓未均匀紧固扣3分； 4. 未清除标记扣2分； 5. 未盘电机轴扣5分	15		
7	安装风扇和护罩	1. 清洗键槽和键； 2. 安装键，安装风扇，安装卡簧； 3. 按照标记位置装上风扇护罩，上紧固定螺丝，擦除标记； 4. 按旋转方向盘电机轴3~5圈，无阻卡为合格	安装风扇、护罩	1. 未清洗键槽和键扣3分，未检查键槽和键扣3分； 2. 风扇安装不规范扣5分； 3. 风扇护罩未按原标记对正扣3分，未清除标记扣2分； 4. 未盘电机轴扣5分	10		

续表

序号	考核内容	操作规程	评分要素	评分标准	配分	扣分	得分
8	启泵试运	1. 电机就位，调整机泵同心度，紧固电机地脚螺栓； 2. 正确连接电机电源线； 3. 检查倒好流程，按照泵运行方向盘泵 3~5 圈无卡阻，摘除警示牌，送电、启泵； 4. 检查机泵运行情况	按要求启泵，检查电动机运转声音是否正常	1. 未口述调整同心度扣 2 分； 2. 未正确连接电机电源线停止操作； 3. 未按照要求倒流程扣 10 分； 4. 未盘泵检查或盘泵方向错扣 5 分； 5. 未摘除警示牌扣 2 分； 6. 通电未戴绝缘手套扣 10 分； 7. 未检查机泵运转情况扣 2 分	10		
9	清理场地	清洁现场，回收工具，做好相应记录	收拾工具，清洁场地	1. 未清理现场扣除 5 分； 2. 工具少回收一件扣 1 分； 3. 未做记录扣 2 分	5		
10	安全文明操作	1. 遵守国家或企业有关安全规定； 2. 操作过程中严格遵守“四不伤害”原则	遵守国家或企业有关安全规定	1. 不正确使用工具、用具，一次从总分中扣 2 分，最多扣 20 分； 2. 劳保穿戴不全，从总分中扣 5 分； 3. 因操作不当造成人身伤害，从总分中扣 20 分； 4. 严重违规取消考核			
备注							
合　计					100		

考评员：　　　　　　　　核分员：　　　　　　　　年　月　日

三十二、加热炉点火操作

1. 加热炉规格

(1) 常用加热炉的规格主要有180kW、200kW、400kW。
(2) 压力等级范围壳程0.4MPa，管程4MPa/25MPa。

2. 考核要求

(1) 必须穿戴劳动保护用品。
(2) 工具、用具准备齐全，正确使用。
(3) 操作规程符合安全文明操作。
(4) 按规定完成操作项目，质量达到技术要求。
(5) 操作完毕，做到"工完、料净、场地清"。

3. 准备要求

(1) 设备准备：

序号	名称	规格	数量	备注
1	水套炉	400kW	1套	

(2) 材料准备：

序号	名称	规格	数量	备注
1	大布		1块	
2	手套		1副	
3	点火器		1个	
4	记录纸		1张	
5	笔		1支	

(3) 工具、用具准备：

序号	名称	规格	数量	备注
1	开口扳手	17~19	1把	
2	压力表		1块	
3	F扳手		1把	

4. 操作程序说明

1) 点火前检查
(1) 检查加热炉安全附件齐全完好(压力表、液位计、安全阀、温度计、呼吸阀)。

(2) 检查液位是否正常，在 1/2~2/3 之间。

(3) 检查炉膛、烟道、绷绳及设备外观清洁完好。

(4) 检查供气压力是否正常，供气流程无跑、冒、滴、漏。

(5) 确认流程正常。

2) 点火操作

(1) 严格执行“三不点火”制度。

(2) 打开供气主阀门。

(3) 检查调压阀、过滤器等各连接部位是否正常，有无漏气，确认安全，供气压力调整范围为 0.05~0.1MPa。

(4) 执行“先点火后开气”的原则，缓慢打开供气阀。

(5) 观察火焰，调整温炉。

(6) 切换流程，投用加热炉。

(7) 观察炉温变化，继续调整炉温。

3) 填写报表，回收工具，清理现场

(1) 记录参数，填写报表。

(2) 回收工具，清理现场。

5. 考核规定说明

(1) 如发现操作过程中可能发生重大违章(如人身伤害、环境污染、设备损坏等)，将取消操作。

(2) 考核采用百分制，考核项目得分按鉴定比重进行折算。

(3) 考核方式说明：本项目为实际操作题，考核过程按评分标准及操作过程进行评分。

(4) 考评技能说明：本项目主要测试考生对加热炉的点火操作技能掌握的熟练程度。

6. 考核时限

(1) 准备工作：1min(不计入考核时间)。

(2) 正式操作时间：8min。

(3) 提前完成操作不加分，到时终止操作考核。

7. 评分记录表

加热炉点火操作评分记录表

操作时间：8min　　考生：　　操作用时：

序号	考核内容	操作规程	评分要素	评分标准	配分	扣分	得分
1	准备	1. 穿戴好劳动保护用品； 2. 大布、手套、脉冲点火器、记录纸、笔、开口扳手、压力表、F 扳手	准备工具、用具	1. 劳保穿戴不整齐扣 5 分； 2. 未准备工具扣 5 分，多、少一件扣 1 分	10		

续表

序号	考核内容	操作规程	评分要素	评分标准	配分	扣分	得分
2	点火前检查	1. 检查加热炉安全附件齐全完好(压力表、液位计、安全阀、温度计、呼吸阀); 2. 检查液位是否正常,在1/2~2/3之间; 3. 检查炉膛、烟道、绷绳及设备外观清洁完好; 4. 检查供气管线压力是否正常,有无“跑、冒、滴、漏”; 5. 确认流程是否正常	规范检查	1. 安全附件检查,少一项扣5分; 2. 未检查液位扣10分,未检查安全阀10分; 3. 炉膛、烟道、绷绳及设备外观少检查,一项扣2分; 4. 未检查供气管线压力扣2分,有“跑、冒、滴、漏”现象未整改的终止操作; 5. 未确认流程扣5分	40		
3	点火操作	1. 严格执行“三不点火”制度; 2. 打开供气阀; 3. 检查调压阀、过滤器等各连接部位是否正常,有无漏气,确认安全,供气压力调整范围为0.05~0.1MPa; 4. 执行先点火后开气的原则,缓慢打开供气阀; 5. 观察火焰,调整温炉; 6. 切换流程,投用加热炉; 7. 观察炉温变化,继续调整炉温	规范操作	1. 未执行“三不点火”终止操作; 2. 未确认供气阀扣2分; 3. 未检查调压阀、过滤器等各连接部位,少一项扣5分,未调整供气压力扣10分; 4. 未执行“先点火后开气”原则的扣20分,后果严重的终止操作; 5. 未调整炉温扣2分; 6. 流程切换错误扣20分; 7. 未按生产要求调整炉温扣5分	40		
4	填写报表,回收工具	1. 记录参数,填写报表; 2. 回收工具,清理现场	正确填写报表	1. 少记录一项扣1分,错误一处扣2分; 2. 少收一件扣1分,未清理现场扣2分	10		

续表

序号	考核内容	操作规程	评分要素	评分标准	配分	扣分	得分
5	安全文明操作	1. 遵守国家或企业有关安全规定； 2. 操作过程中严格遵守“四不伤害”原则	遵守国家或企业有关安全规定	1. 每违反一项规定，从总分中扣5分； 2. 严重违规取消考核； 3. 因操作不当造成人身伤害，从总分中扣20分； 4. 工具、用具使用不当，每次从总分中扣2分，最多扣20分			
备注							
合 计					100		

考评员： 核分员： 年 月 日

三十三、离心泵启停操作

1. 考核要求

(1) 必须穿戴劳动保护用品。

(2) 工具、用具准备齐全，正确使用。

(3) 操作规程符合安全文明操作。

(4) 按规定完成操作项目，质量达到技术要求。

(5) 操作完毕，做到“工完、料净、场地清”。

2. 准备要求

(1) 设备准备：

序号	名称	规格	数量	备注
1	离心泵		1台	单级

(2) 材料准备：

序号	名称	规格	数量	备注
1	黄油		1桶	
2	大布		1块	
3	手套		1副	
4	报表		1张	

(3) 工具、量具、用具准备：

序号	名称	规格	数量	备注
1	梅花扳手		1套	
2	活动扳手	200mm、250mm	各1把	
3	游标卡尺	250mm	1把	精度0.02mm
4	塞尺		1组	
5	F扳手	F扳手	1把	
6	螺丝刀	200mm	1把	

续表

序　号	名　称	规　格	数　量	备　注
7	试电笔	低压	1 支	
8	绝缘手套		1 只	
9	红外线测温仪		1 台	
10	测振仪		1 台	
11	笔		1 支	

3. 操作程序说明

1）准备

准备全工具、用具和材料。

2）启泵前的检查

（1）离心泵周围应无杂物、无油污。

（2）联轴器防护罩安装完好。

（3）检查地脚螺栓及连轴器紧固、无松动现象。

（4）检查电气设备、电源线和接地线是否完好。

（5）检查压力表等各种仪表是否齐全、准确，灵活好用，是否在有效使用期限内，打开压力表阀门。

（6）检查离心泵润滑油油质是否合格，油位应在规定范围内（机油在润滑室窗的 1/3～1/2 之间）。

（7）检查联轴器是否同心，端面间隙是否合适（轴向间隙小于 0.06mm，径向间隙小于 0.08mm，端面间隙在 5～8mm 之间）。

（8）检查离心泵进出口阀门开关是否灵活。

（9）按离心泵的旋转方向盘泵 3～5 圈，运转灵活，无卡阻现象。

（10）全开进口阀门，出口阀门处于全关状态。

（11）检查储液罐液位，打开泵出口管线放气阀，排尽泵内气体，关闭放气阀。

3）启动操作

（1）验电，确认安全。

（2）按启动按钮，启泵。

（3）调节泵压，当电流表指针从最高处下降，泵压上升平稳后，方可打开出口阀门，继续调节泵压、流量至需要值。

4）启泵后的检查

（1）检查密封填料，漏失量严重的须添加，漏失量应控制在 10～30 滴/min 之间。

（2）检查泵压、管线压力、电流、电压是否正常（电流不得超过电机的额定电流）。

（3）检查有无异响，异响时应立即停泵检查。

（4）检查机泵振幅，振幅小于 0.06mm 为合格。

（5）检查轴承温度不超过 65℃，电机温度不超过 70℃。

（6）检查润滑油，应在视窗的 1/3～1/2 之间。

（7）检查各连接部位有无渗漏。

（8）核实储液罐液位，防止抽空，挂设备运行指示牌，录取数据。

5）停泵操作

（1）缓慢关小泵出口阀门，待电流下降接近最低值。

（2）验电，确认安全，按停止按钮，停泵。

（3）确认安全，拉闸断电，关进口阀门，记录停泵时间。

6）停泵后的检查

（1）放尽泵内液体。

（2）挂停运指示牌。

7）回收工具、清理现场

（1）清洁收回工具。

（2）填写相关记录。

4. 考核规定说明

（1）如操作违章，将停止考核。

（2）考核采用百分制，考核项目得分按鉴定比重进行折算。

（3）考核方式说明：本项目为实际操作题，考核过程按评分标准及操作过程进行评分。

（4）考核技能说明：本项目主要测试考生对离心泵启停操作掌握的熟练程度。

5. 考核时限

（1）准备工作：1min（不计入考核时间）。

（2）正式操作时间：20min。

（3）提前完成操作不加分，每超过 1min 从总分中扣 2 分，总超时 5min 停止工作，按完成项进行评分。

6. 评分记录表

离心泵启停操作评分记录表

操作时间：20min　　考生：　　操作用时：

序号	考核内容	操作规程	评分要素	评分标准	配分	扣分	得分
1	工具准备	1. 穿戴好劳动保护用品； 2. 梅花扳手、活动扳手、游标卡尺、塞尺、F 扳手、螺丝刀、试电笔、绝缘手套、润滑油、大布、手套、红外线测温仪、测振仪、笔、报表	工具准备	1. 劳保穿戴不整齐扣 5 分； 2. 工具、用具少选一件扣 2 分	5		

续表

序号	考核内容	操作规程	评分要素	评分标准	配分	扣分	得分
2	启泵前的检查	1. 离心泵周围应无杂物、无油污； 2. 联轴器防护罩安装好； 3. 检查地脚螺栓及连轴器紧固、无松动现象； 4. 检查电气设备、电源线和接地线是否完好； 5. 检查压力表等各种仪表是否齐全准确，灵活好用，是否在有效使用期限内，并打开压力表阀门； 6. 检查离心泵润滑油油质是否合格，油位应在规定范围内（机油在润滑室窗的1/3~1/2之间）； 7. 检查联轴器是否同心，端面间隙是否合适（轴向间隙小于0.06mm，径向间隙小于0.08mm，端面间隙在5~8mm之间）； 8. 检查离心泵进出口阀门开关是否灵活； 9. 按泵的旋转方向盘泵3~5圈，运转灵活，无卡阻现象； 10. 打开泵出口管线放气阀，排尽泵内气体，关闭放气阀； 11. 检查储液罐液位，全开进口阀门，出口阀门处于全关状态	规范检查	1. 离心泵周围少检查一处扣2分； 2. 未检查联轴器防护罩扣2分； 3. 未检查地脚螺栓及连轴器，少一处扣2分； 4. 未检查电气设备、电源线和接地线是否完好，一处扣2分； 5. 未检查各种仪表是否齐全，少一处扣2分，未打开压力表阀门扣2分； 6. 未检查润滑油油质扣2分，未检查油位扣2分，未口述油位高度标准值或说错扣2分； 7. 未检查联轴器是否同心扣2分，口述轴向、径向和端面间隙，少一个扣2分； 8. 未检查泵进、出口阀门开关是否灵活，少一个扣2分； 9. 未盘泵扣5分，旋转方向错扣2分； 10. 未检查液位扣3分，未全开进口阀门扣5分，未全关出口阀门扣5分； 11. 未排气扣2分	20		

续表

序号	考核内容	操作规程	评分要素	评分标准	配分	扣分	得分
3	启动操作	1. 验电，确认安全； 2. 按启动按钮，启泵； 3. 调节泵压，当电流表指针从最高处下降，泵压上升平稳后，方可打开出口阀门，继续调节泵压、流量至需要值	规范操作	1. 未验电扣5分； 2. 按启动按钮未戴绝缘手套扣5分； 3. 调节泵压方法不正确扣10分	20		
4	启泵后的检查	1. 检查密封填料，漏失量严重的须添加，漏失量应控制在10~30滴/min之间； 2. 检查泵压、管线压力、电流、电压是否正常（电流不得超过电机的额定电流）； 3. 检查有无异响，异响时应立即停泵检查； 4. 检查机泵振幅，振幅小于0.06mm为合格； 5. 检查轴承温度不超过65℃，电机温度不超过70℃； 6. 检查润滑油，应在视窗的1/3~1/2之间； 7. 检查各连接部位有无渗漏； 8. 核实储液罐液位，防止抽空； 9. 挂运行指示牌；录取数据	规范检查	1. 未检查密封填料漏失量扣5分，未口述漏失量标准值扣3分； 2. 未检查泵压、管线压力、电流、电压，少一处扣2分； 3. 未检查有无异响扣2分； 4. 未检查机泵振幅扣2分，未口述标准值扣2分； 5. 未检查轴承、电机温度，少一项扣2分，未口述标准值扣2分； 6. 未检查润滑油油位扣2分； 7. 未检查各连接部位有无渗漏，少一处扣2分； 8. 未核实储液罐液位扣5分； 9. 未挂设备运行指示牌扣2分； 10. 未录取数据，少一项扣2分	25		

续表

序号	考核内容	操作规程	评分要素	评分标准	配分	扣分	得分
5	停泵操作	1. 缓慢关小泵出口阀门，待电流下降接近最低值； 2. 验电，确认安全，按停止按钮，停泵； 3. 确认安全，拉闸断电； 4. 关进口阀门； 5. 记录停泵时间	规范操作	1. 未缓慢关小泵的出口阀门扣 3 分，未观察电流变化直接停机扣 5 分； 2. 未验电扣 5 分； 3. 未断电扣 5 分，操作方法不规范，一次扣 2 分； 4. 未关进口阀门扣 5 分； 5. 未记录停泵时间扣 3 分	20		
6	停泵后的检查	1. 放尽泵内液体； 2. 挂停运指示牌	规范操作	1. 未放泵内液体扣 5 分； 2. 不挂牌扣 2 分	5		
7	回收工具，清理现场	1. 清洁收回工具； 2. 填写相关记录	收拾工具，清理场地	1. 未清理现场扣除 5 分； 2. 工具少收一件扣 2 分	5		
8	安全文明操作	1. 遵守国家或企业有关安全规定； 2. 操作过程中严格遵守“四不伤害”原则	遵守国家或企业有关安全规定	1. 每违反一项规定，从总分中扣 5 分； 2. 严重违规取消考核； 3. 因操作不当造成人身伤害，从总分中扣 20 分； 4. 工具、用具使用不当，每次从总分中扣 2 分，最多扣 20 分			
备注							
合　计					100		

考评员：　　　　核分员：　　　　年　月　日

三十四、齿轮泵启停操作

1. 考核要求

（1）必须穿戴劳动保护用品。
（2）工具、用具准备齐全，正确使用。
（3）操作规程符合安全文明操作。
（4）按规定完成操作项目，质量达到技术要求。
（5）操作完毕，做到“工完、料净、场地清”。

2. 准备要求

（1）设备准备：

序 号	名 称	规 格	数 量	备 注
1	齿轮泵		1台	

（2）材料准备：

序 号	名 称	规 格	数 量	备 注
1	大布		1块	
2	手套		1副	
3	报表		1张	
4	笔		1支	

（3）工具、用具准备：

序 号	名 称	规 格	数 量	备 注
1	梅花扳手		1套	
2	螺丝刀	200mm	1把	平口
3	F扳手	300mm	1把	
4	试电笔		1支	
5	绝缘手套		1只	
6	管钳	600mm	1把	
7	红外线测温仪		1台	

3. 操作程序说明

1）准备
准备全工具用具和材料。
2）启泵前的检查
（1）检查机泵各紧固螺栓是否松动。
（2）检查机泵进出口管线是否完好，确认进出口流程阀门开启。
（3）检查电机与齿轮泵连接盘是否完好、牢靠。
（4）盘泵 3~5 圈，确认灵活无卡阻现象，防护罩完好无损，固定牢靠。
（5）检查供电系统是否正常。
（6）验电，佩戴绝缘手套侧身合闸送电。
（7）核实储液罐液位，做好计量。
3）启动操作
（1）按启动按钮启泵。
（2）观察工作压力，避免超压运行。
（3）检查机泵有无异响，异常情况下应立即停泵检查。
（4）检测电机、轴承温度，符合设备规范要求。
（5）调整填料松紧，确保松紧合适，漏失量 10~30 滴/min。
（6）确认各连接部位无渗漏。
（7）记录启泵后运行参数。
4）停泵操作
（1）按停止按钮停泵。
（2）验电，确认安全，侧身拉闸断电。
（3）关闭齿轮泵进出口阀门，冬季停运时必须排尽残液，防止冻堵。
（4）记录停泵时间，口述：长时间停止运行的必须进行保养维护。
5）填写报表、清理场地
（1）填写报表。
（2）回收工具、用具，清理场地。

4. 考核规定说明

（1）如操作违章，将停止考核。
（2）考核采用百分制，考核项目得分按鉴定比重进行折算。
（3）考核方式说明：本项目为实际操作题，考核过程按评分标准及操作过程进行评分。
（4）测量技能说明：本项目主要测试考生对齿轮泵启停操作技能掌握的熟练程度。

5. 考核时限

（1）准备工作：1min（不计入考核时间）。
（2）正式操作时间：10min。
（3）提前完成操作不加分，到时停止操作考核。

6. 评分记录表

齿轮泵启停操作评分记录表

操作时间：10min　　考生：　　操作用时：

序号	考核内容	操作规程	评分要素	评分标准	配分	扣分	得分
1	工具准备	1. 穿戴好劳动保护用品； 2. 大布、手套、梅花扳手、螺丝刀、F扳手、试电笔、绝缘手套、管钳、红外线测温仪、笔、报表	工具准备	1. 劳保穿戴不整齐扣5分； 2. 未准备工具扣5分，多、少一件扣1分	10		
2	启泵前的检查	1. 检查机泵各紧固螺栓是否松动； 2. 检查机泵进出口管线是否完好，确认进出口流程阀门开启； 3. 检查电机与齿轮泵连接盘是否完好、牢靠； 4. 盘泵3~5圈，确认灵活无卡阻现象，防护罩完好无损，固定牢靠； 5. 检查供电系统是否正常； 6. 验电，佩戴绝缘手套侧身合闸送电； 7. 核实储液罐液位，做好计量	规范检查	1. 未检查螺栓紧固情况，少一处扣2分； 2. 检查流程少一处扣2分； 3. 未检查连接盘扣5分； 4. 未盘泵扣5分，盘泵圈数不够扣3分，未检查防护罩扣2分； 5. 检查供电系统少一处扣2分； 6. 验电方法不正确扣3分，未戴绝缘手套合闸扣5分，未侧身扣3分； 7. 未核实液位扣5分	25		
3	启泵操作	1. 按启动按钮启泵； 2. 检查确认流程畅通，观察工作压力，避免超压运行； 3. 检查机泵有无异响，异常情况下应立即停泵检查； 4. 检测电机、轴承温度，符合设备规范要求； 5. 调整填料压盖松紧，确保松紧合适，漏失量一般10~30滴/min； 6. 确认各连接部位无渗漏； 7. 录取启泵后运行参数	规范检查	1. 未戴绝缘手套扣5分； 2. 未确认流程扣3分，未观察压力扣3分； 3. 异常情况未停泵处理扣10分； 4. 未检测电机、轴承温度扣3分； 5. 填料压盖松紧不合适扣5分，未判断漏失量是否合格扣5分； 6. 各连接部位少检查一处扣3分； 7. 录取运行参数少一项扣2分	30		

续表

序号	考核内容	操作规程	评分要素	评分标准	配分	扣分	得分
4	停泵操作	1. 按停止按钮停泵； 2. 验电，确认安全，侧身拉闸断电； 3. 关闭齿轮泵进出口阀门，口述：冬季停运时必须排尽残液，防止冻堵； 4. 录取停泵时间，口述：长时间停止运行的必须进行保养维护	规范检查	1. 未戴绝缘手套停泵扣 5 分； 2. 断电未验电扣 3 分，未戴绝缘手套扣 5 分，未侧身扣 3 分； 3. 未关闭进出口阀门扣 5 分，未口述排液扣 5 分； 4. 未口述：长时间停止运行须进行保养维护扣 2 分	25		
5	填写报表，清理场地	1. 填写报表； 2. 回收工具、用具，清理场地	收拾工具，清理场地	1. 填写报表，每少一项扣 1 分； 2. 不清洁工具、用具扣 2 分，少收一件扣 1 分	10		
6	安全操作	1. 遵守国家或企业有关安全规定； 2. 操作过程中严格遵守“四不伤害”原则	遵守国家或企业有关安全规定	1. 每违反一项规定，从总分中扣 5 分； 2. 严重违规取消考核； 3. 因操作不当造成人身伤害，从总分中扣 20 分； 4. 工具、用具使用不当，每次从总分中扣 2 分，最多扣 20 分			
备注							
合　计					100		

考评员：　　　　　　　　　　　　核分员：　　　　　　　　　　　　年　月　日

三十五、螺杆泵启停操作

1. 考核要求

（1）必须穿戴劳动保护用品。

（2）工具、量具、用具准备齐全，正确使用。

（3）操作规程符合安全文明操作。

（4）按规定完成操作项目，质量达到技术要求。

（5）操作完毕，做到“工完、料净、场地清”。

2. 准备要求

（1）设备准备：

序　号	名　称	规　格	数　量	备　注
1	螺杆泵		1台	

（2）材料准备：

序　号	名　称	规　格	数　量	备　注
1	大布		1块	
2	手套		1副	
3	报表		1张	

（3）工具、量具、用具准备：

序　号	名　称	规　格	数　量	备　注
1	活动扳手	300mm、375mm	各1把	
2	F扳手		1个	
3	螺丝刀	200mm	1把	平口
4	试电笔		1支	数字
5	绝缘手套		1只	
6	红外线测温仪		1台	
7	测振仪		1台	
8	污油桶		1个	
9	笔		1支	

3. 操作程序说明

1）准备

准备全工具、用具和材料。

2）启泵前的检查

（1）检查供电系统是否正常(仪表、电压、电缆线）。

（2）检查进、出口压力表。

（3）检查润滑系统是否满足工作需要。

（4）清除泵周围杂物，检查各部螺栓是否紧固。

（5）检查电机接地线是否完好。

（6）检查泵各连接部位有无渗漏现象。

（7）清理污油盒并摆放到位。

（8）盘泵 3~5 圈，运动机构不得有卡阻、异响。

（9）打开进出口阀门、回流阀，排气。

3）启动操作

（1）验电，确认安全，送电。

（2）先启动润滑系统，再启动螺杆泵。

（3）缓慢关回流阀至所需压力。

（4）待压力稳定后调整润滑系统压力，应高于泵腔压力 0.05~0.1MPa。

4）启泵后的检查

（1）检查电机电流、电压值是否正常。

（2）检查机泵温度、声音、振幅是否正常，振幅小于 0.06mm 为合格。

（3）检查底座螺栓有无松动。

（4）检查泵的漏失量，5~10 滴/min 为合格。

（5）检查压力波动是否过大。

（6）检查润滑系统压力。

（7）挂设备运行指示牌。

（8）录取数据(启泵时间、电机温度、泵振幅）。

5）停泵操作

（1）完全打开出口管线上的回流阀，关闭出口阀，使泵转入空载运转。

（2）验电，确认安全，按停止按钮，停泵。

（3）泵完全停稳后关闭进、出口阀门及回流阀。

（4）停润滑系统。

（5）验电，确认安全，拉闸断电。

（6）记录停泵时间，挂停运指示牌。

6）清理现场

（1）清洁收回工具。

（2）填写相关记录。

4. 考核规定说明

（1）如操作违章，将停止考核。

（2）考核采用百分制，考核项目得分按鉴定比重进行折算。

（3）考核方式说明：本项目为实际操作题，考核过程按评分标准及操作过程进行评分。

（4）考核技能说明：本项目主要测试考生对螺杆泵启停操作掌握的熟练程度。

5. 考核时限

（1）准备工作：1min（不计入考核时间）。

（2）正式操作时间：20min。

（3）提前完成操作不加分，每超过1min从总分中扣2分，总超时5min停止工作，按完成项进行评分。

6. 评分记录表

螺杆泵启停操作评分记录表

操作时间：20min　　　　考生：　　　　操作用时：

序号	考核内容	操作规程	评分要素	评分标准	配分	扣分	得分
1	工具准备	1. 穿戴好劳动保护用品； 2. 准备工具：大布、手套、活动扳手、F扳手、螺丝刀、试电笔、绝缘手套、红外线测温仪、测振仪、污油桶、笔、报表	准备工具、用具	1. 劳保穿戴不整齐扣5分； 2. 未准备工具扣5分，多、少一件扣1分	10		
2	启泵前的检查	1. 检查供电系统是否正常（仪表、电压、电缆线）； 2. 检查进、出口压力表； 3. 检查润滑系统是否满足工作需要； 4. 清除泵周围杂物，检查各部螺栓是否紧固； 5. 检查电机接地线是否完好； 6. 检查泵各连接部位有无渗漏现象； 7. 清理污油盒并摆放到位； 8. 盘泵3~5圈，运动机构不得有卡阻、异响； 9. 打开进出口阀门、回流阀，排气	规范检查	1. 未检查供电系统扣2分； 2. 未检查压力表，一处扣2分； 3. 未检查润滑系统扣2分； 4. 泵周围有杂物扣2分； 5. 未检查螺栓、接地线、进出口阀门、污油盒，一处扣2分； 6. 未检查各连接部位，一处扣2分； 7. 未盘泵扣3分； 8. 未打开进出口阀门及回流阀，一处扣2分	20		

续表

序号	考核内容	操作规程	评分要素	评分标准	配分	扣分	得分
3	启动操作	1. 验电，确认安全，送电； 2. 先启动润滑系统，再启动螺杆泵； 3. 缓慢关回流阀至所需压力； 4. 待压力稳定后调整润滑系统压力，应高于泵腔压力 0.05~0.1MPa	规范操作	1. 未验电和验电方法不正确扣 2 分，未戴绝缘手套送电扣 3 分； 2. 启泵前未先启动润滑系统扣 10 分； 3. 未调节泵压扣 5 分； 4. 未调整润滑系统压力扣 5 分	15		
4	启泵后的检查	1. 检查电机电流、电压值是否正常； 2. 检查机泵温度、声音、振幅是否正常，振幅小于 0.06mm 为合格； 3. 检查底座螺栓有无松动； 4. 检查泵的漏失量，5～10 滴/min 为合格； 5. 检查压力波动是否过大； 6. 检查润滑系统压力； 7. 挂设备运行指示牌； 8. 录取数据（启泵时间、电机温度、泵振幅）	规范检查	1. 未检查电流、电压扣 2 分； 2. 未检查机泵温度、振幅、异响各扣 2 分； 3. 未检查机泵底座螺栓扣 2 分； 4. 未检查密封部位漏失情况扣 2 分； 5. 未检查泵压扣 3 分； 6. 未检查润滑系统压力扣 5 分； 7. 未挂设备运行指示牌扣 2 分； 8. 录取数据少一项扣 1 分	25		
5	停泵操作	1. 完全打开出口管线上的回流阀，关闭出口阀，使泵转入空载运转； 2. 验电，确认安全，按停止按钮，停泵； 3. 泵完全停稳后关闭进出口阀门及回流阀； 4. 停润滑系统； 5. 验电，确认安全，拉闸断电； 6. 记录停泵时间，挂停运指示牌	规范操作	1. 未完全打开回流阀扣 5 分，未关闭出口阀扣 3 分； 2. 未验电，一次扣 3 分；验电方法不正确，一次扣 3 分；未戴绝缘手套停泵、断电，一次扣 5 分； 3. 停泵后未关阀门，一处扣 2 分； 4. 停泵前先停润滑系统的终止考核，操作方法不正确的扣 2 分； 5. 未记录停泵时间扣 2 分，未挂停运指示牌扣 2 分	20		
6	清理现场	1. 清洁收回工具； 2. 填写相关记录	收拾工具，清理场地	1. 未清理现场扣除 3 分； 2. 工具少收一件扣 1 分； 3. 未填写报表扣 2 分	10		

续表

序号	考核内容	操作规程	评分要素	评分标准	配分	扣分	得分
7	安全文明操作	1. 遵守国家或企业有关安全规定； 2. 操作过程中严格遵守“四不伤害”原则	遵守国家或企业有关安全规定	1. 每违反一项规定，从总分中扣5分； 2. 严重违规取消考核； 3. 因操作不当造成人身伤害，从总分中扣20分； 4. 不正确使用工具、用具，扣分项在安全文明操作项内扣除，每次扣2分，最多扣20分			
备注							
合　计					100		

考评员：　　　　　　核分员：　　　　　　年　月　日

三十六、柱塞泵启停操作

1. 考核要求

(1) 必须穿戴劳动保护用品。
(2) 工具、量具、用具准备齐全，正确使用。
(3) 操作规程符合安全文明操作。
(4) 按规定完成操作项目，质量达到技术要求。
(5) 操作完毕，做到“工完、料净、场地清”。

2. 准备要求

(1) 设备准备：

序　号	名　称	规　格	数　量	备　注
1	柱塞泵		1台	

(2) 材料准备：

序　号	名　称	规　格	数　量	备　注
1	大布		1块	
2	手套		1副	
3	报表		1张	
4	润滑油		1桶	

(3) 工具、量具、用具准备：

序　号	名　称	规　格	数　量	备　注
1	活动扳手	300mm、375mm	各1把	
2	F扳手		1把	
3	螺丝刀	200mm	1把	平口
4	试电笔	500V	1支	
5	绝缘手套		1只	
6	污油桶		1个	
7	红外线测温仪		1台	
8	测振仪		1台	
9	撬杠	300mm	1根	
10	笔		1支	

3. 操作程序说明

1）准备
准备全工具、用具和材料。
2）启泵前的检查
(1) 检查供电系统是否正常(仪表、电压、电缆线)。
(2) 检查进、出口压力表。
(3) 检查机油液位是否符合要求，高度为 1/3~1/2。
(4) 清除泵周围杂物，检查各部螺栓是否紧固。
(5) 检查电机接地线是否完好。
(6) 检查泵各连接部位有无渗漏现象。
(7) 打开进出口阀门、回流阀，排气。
(8) 盘泵 3~5 圈，运动机构不得有卡阻、异响。
3）启动操作
(1) 验电，确认安全，送电。
(2) 合上电源，按启动按钮，启泵空转。
(3) 缓慢关回流阀，上压，直到达到要求压力为止。
4）启泵后的检查
(1) 检查电机电流、电压值是否正常。
(2) 检查机泵温度、声音、振幅是否正常。
(3) 检查底座螺栓有无松动。
(4) 检查调整泵的漏失量，8~15 滴/min 为合格，各连接部位无漏、滴。
(5) 检查皮带传动是否正常，有无打滑或其他异常情况。
(6) 检查压力波动是否过大。
(7) 检查润滑油，应在视窗的 1/3 处。
(8) 挂设备运行指示牌。
(9) 录取数据(压力、排量、启泵时间)。
5）停泵操作
(1) 完全打开出口管线上的回流阀，关闭出口阀，使泵转入空载运转。
(2) 验电，确认安全，按停止按钮，停泵。
(3) 验电，确认安全，拉闸断电。
(4) 停泵后关闭泵进口阀。
(5) 排尽泵腔内余压。
(6) 记录停泵时间，挂停运指示牌。
6）清理现场
(1) 清洁收回工具。
(2) 填写相关记录。

4. 考核规定说明

(1) 如操作违章，将停止考核。

（2）考核采用百分制，考核项目得分按鉴定比重进行折算。

（3）考核方式说明：本项目为实际操作题，考核过程按评分标准及操作过程进行评分。

（4）考核技能说明：本项目主要测试考生对柱塞泵启停操作掌握的熟练程度。

5. 考核时限

（1）准备工作：1min（不计入考核时间）。

（2）正式操作时间：20min。

（3）提前完成操作不加分，每超过1min从总分中扣2分，总超时5min停止工作，按完成项进行评分。

6. 评分记录表

柱塞泵启停操作评分记录表

操作时间：20min　　考生：　　操作用时：

序号	考核内容	操作规程	评分要素	评分标准	配分	扣分	得分
1	工具准备	1. 穿戴好劳动保护用品； 2. 准备工具：润滑油、大布、手套、活动扳手、F扳手、螺丝刀、试电笔、绝缘手套、温度计、红外线测温仪、测振仪、污油桶、撬杠、笔、报表	工具准备	1. 劳保穿戴不整齐扣5分； 2. 未准备工具扣5分，多、少一件扣1分	5		
2	启泵前的检查	1. 检查供电系统是否正常（仪表、电压、电缆线）； 2. 检查进、出口压力表； 3. 检查机油液位是否符合要求，高度为1/3~1/2； 4. 清除泵周围杂物，检查各部螺栓是否紧固； 5. 检查电机接地线是否完好； 6. 检查泵各连接部位有无渗漏现象； 7. 打开进出口阀门、回流阀，排气； 8. 盘泵3~5圈，运动机构不得有卡阻、异响	规范检查	1. 未检查供电系统扣2分； 2. 未检查压力表，一处扣2分； 3. 未检查机油液位扣2分； 4. 泵周围有杂物扣2分，未检查各部螺栓，一处扣2分； 5. 未检查接地线扣2分； 6. 未检查各连接部位，一处扣2分； 7. 未打开进出口阀门及回流阀，一处扣2分，未排气扣3分； 8. 未盘泵扣3分	25		

续表

序号	考核内容	操作规程	评分要素	评分标准	配分	扣分	得分
3	启动操作	1. 验电，确认安全，送电； 2. 合上电源，按启动按钮，启泵空转； 3. 缓慢关回流阀，直到达到要求压力为止	规范操作	1. 未验电和验电方法不正确扣2分； 2. 未戴绝缘手套送电、按启动按钮，一次扣3分； 3. 未缓慢关回流阀调节泵压扣5分	20		
4	启泵后的检查	1. 检查电机电流、电压值是否正常； 2. 检查机泵温度、声音、振幅是否正常； 3. 检查底座螺栓有无松动； 4. 检查调整泵的漏失量，8～15 滴/min为合格，各连接部位无漏、滴； 5. 检查皮带传动是否正常，有无打滑或其他异常情况； 6. 检查压力波动是否过大； 7. 检查润滑油，应在视窗的1/3处； 8. 挂设备运行指示牌； 9. 录取数据(压力、排量、启泵时间)	规范检查	1. 未检查电机电流、电压，一处扣2分； 2. 未检查机泵温度、声音、振幅，一处扣2分； 3. 未检查电机底座螺栓，一处扣2分； 4. 未检查泵调整漏失量扣5分，未检查各连接部位漏失情况扣2分； 5. 未检查皮带扣2分； 6. 未检查压力是否平稳扣3分； 7. 未检查润滑油扣2分； 8. 未挂设备运行指示牌扣2分； 9. 录取数据缺一项扣1分	25		
5	停泵操作	1. 完全打开出口管线上的回流阀，关闭出口阀，使泵转入空载运转； 2. 验电，确认安全，按停止按钮，停泵； 3. 验电，确认安全，拉闸断电； 4. 停泵后关闭泵进口阀； 5. 排尽泵腔内余压； 6. 记录停泵时间，挂停运指示牌	规范操作	1. 未完全打开回流阀扣5分，未关闭出口阀扣3分； 2. 未验电，一次扣3分；验电方法不正确，一次扣3分； 3. 未戴绝缘手套停泵、断电，一次扣5分； 4. 停泵后未关阀门扣2分； 5. 未排尽泵腔内余压扣5分； 6. 未记录停泵时间扣2分，未挂停运指示牌扣2分	20		

续表

序号	考核内容	操作规程	评分要素	评分标准	配分	扣分	得分
6	清理现场	1. 清洁收回工具； 2. 填写相关记录	收拾工具、清理场地	1. 未清理现场扣除3分； 2. 工具少收一件扣1分； 3. 未填写报表扣2分	5		
7	安全文明操作	1. 遵守国家或企业有关安全规定； 2. 操作过程中严格遵守"四不伤害"原则	遵守国家或企业有关安全规定	1. 每违反一项规定，从总分中扣5分； 2. 严重违规取消考核； 3. 因操作不当造成人身伤害，从总分中扣20分； 4. 不正确使用工具、用具，扣分项在安全文明操作项内扣除，一次扣2分，最多扣20分			
备注							
合　计					100		

考评员：　　　　核分员：　　　　年　月　日

三十七、更换低压阀门填料操作

1. 考核要求

（1）必须穿戴劳动保护用品。
（2）操作规程符合安全文明操作。
（3）按规定完成操作项目，质量达到技术要求。
（4）操作完毕，做到“工完、料净、场地清”。

2. 准备要求

（1）设备准备：

序　号	名　称	规　格	数　量	备　注
1	工艺流程		1 套	

（2）材料准备：

序　号	名　称	规　格	数　量	备　注
1	大布		1 块	
2	手套		1 副	
3	填料		若干	
4	肥皂水		1 瓶	
5	笔		1 支	
6	报表		1 张	

（3）工具、用具准备：

序　号	名　称	规　格	数　量	备　注
1	黄油		1 桶	
2	梅花扳手		1 套	
3	螺丝刀		1 把	平口
4	钢直尺	300mm	1 把	
5	剪刀		1 把	
6	F 扳手		1 把	
7	禁止开关警示牌		1 个	
8	自制小钩		1 根	
9	挂钩		1 个	
10	污油桶		1 个	

3. 操作程序说明

1）更换前检查

（1）准备工具、量具、用具。

（2）检查流程，确认流程走向。

（3）挂警示牌。

2）倒流程

（1）侧身缓慢打开旁通阀门，确认倒通旁通流程。

（2）侧身关闭上下流阀门，确认流程切改成功。

（3）打开放空阀泄尽管线内余压。

（4）口述：若流程无旁通，须停运泄压更换。

3）更换填料密封

（1）卸掉阀门填料压盖螺帽。

（2）提升压盖，用挂钩固定。

（3）取净旧填料，清理干净填料函。

（4）检查阀杆有无腐蚀、机械损伤、沟槽、弯曲等。

（5）选择规格匹配填料，量取合适长度并剪切成切口45°斜口，涂抹黄油放置填料。

（6）每层填料切口要相错120°～180°，加满为止。

（7）上好压盖，保证填料密封松紧合适，压盖压入填料函的深度不得少于5mm。

4）恢复流程

（1）关闭放空阀，缓慢开下流阀门试压，观察有无渗漏现象，试压合格后完全打开下流阀门。

（2）缓慢开上流闸门，观察无渗漏现象后，完全打开上流闸门。

（3）关闭旁通阀门，观察压力，检查各阀门连接部件及密封面有无渗漏现象。

5）清理场地

清理现场，收拾工具，做好相应记录。

4. 考核规定说明

（1）如发现操作过程中可能发生重大违章（如人身伤害、环境污染、工具、设备损坏等），将终止操作。

（2）考核采用百分制，考核项目得分按鉴定比重进行折算。

（3）考核方式说明：本项目为实际操作题，考核过程按评分标准及操作过程进行评分。

（4）考评技能说明：本项目主要测试考生对更换低压阀门填料操作技能掌握的熟练程度。

5. 考核时限

（1）准备工作：1min（不计入考核时间）。

（2）正式操作时间：15min。

（3）提前完成操作不加分，到时终止操作考核。

6. 评分记录表

更换低压阀门填料操作评分记录表

操作时间：15min　　　　考生：　　　　操作用时：

序号	考核内容	操作规程	评分要素	评分标准	配分	扣分	得分
1	准备	1. 穿戴好劳动保护用品； 2. 准备工具：大布、手套、填料、肥皂水、笔、报表、黄油、梅花扳手、钢直尺、螺丝刀、剪刀、F扳手、禁止开关警示牌、自制挂钩、挂钩、污油桶	准备工具、用具	1. 劳保穿戴不整齐扣5分； 2. 未准备工具扣5分，多、少一件扣1分	10		
2	更换前检查	1. 检查流程，确认流程走向； 2. 挂警示牌	规范检查	1. 未检查流程扣5分； 2. 未挂警示牌扣3分	10		
3	倒流程	1. 侧身缓慢打开旁通阀门，确认倒通旁通流程； 2. 侧身关闭上下流阀门，确认流程切改成功； 3. 打开放空阀泄尽管线内余压； 4. 口述：若流程无旁通，须停运泄压更换	规范操作	1. 未倒通旁通扣5分； 2. 未关闭上下流阀门扣5分； 3. 泄压不彻底扣5分； 4. 未口述扣3分； 5. 开关阀门未侧身，一次扣2分	15		
4	更换填料密封	1. 卸掉阀门填料压盖螺帽； 2. 提升压盖，用挂钩固定； 3. 取净旧填料，清理干净填料函； 4. 检查阀杆有无腐蚀、机械损伤、沟槽、弯曲等； 5. 选择规格匹配填料，量取合适长度并剪切成切口45°斜口，涂抹黄油放置填料； 6. 每层填料切口要相错120°～180°，加满为止； 7. 上好压盖，保证填料密封松紧合适，压盖压入填料函的深度不得少于5mm	按操作规程操作	1. 压盖固定不牢固扣2分； 2. 填料函未清理干净扣5分； 3. 检查阀杆少一处扣2分； 4. 填料选择不正确扣5分，量取长度不合适扣2分，切口不平整扣2分，切口角度不合适扣5分，未涂抹黄油扣2分； 5. 切口相错未达到要求扣3分，未加满扣5分； 6. 压盖松紧不合适扣5分； 7. 工具使用不当，一次扣2分	35		

续表

序号	考核内容	操作规程	评分要素	评分标准	配分	扣分	得分
5	恢复流程	1. 关闭放空阀，缓慢开下流阀门试压，观察有无渗漏现象，试压合格后完全打开下流阀门； 2. 缓慢开上流闸门，观察无渗漏现象后，完全打开上流闸门； 3. 关闭旁通阀门，观察压力，检查各阀门连接部件及密封面有无渗漏现象	规范操作、试压合格	1. 未关闭放空阀扣10分； 2. 倒流程顺序错误，一处扣2分； 3. 未试压扣5分，渗漏未整改扣3分； 4. 开关阀门未侧身，一次扣2分	20		
6	清理场地	清理现场，收拾工具，做好相应记录	收拾工具，清理场地	1. 未清理现场扣5分； 2. 工具少收一件扣2分	10		
7	安全文明操作	1. 遵守国家或企业有关安全规定； 2. 操作过程中严格遵守“四不伤害”原则	遵守国家或企业有关安全规定	1. 每违反一项规定，从总分中扣5分； 2. 因操作不当造成人身伤害、环境污染、工具、设备损坏，从总分中扣20分； 3. 严重违规终止操作			
备注							
合　计					100		

考评员：　　　　核分员：　　　　年　月　日

三十八、拔轮器使用操作

1. 考核要求

(1) 必须穿戴劳动保护用品。
(2) 操作规程符合安全文明操作。
(3) 按规定完成操作项目，质量达到技术要求。
(4) 操作完毕，做到“工完、料净、场地清”。

2. 准备要求

(1) 工具准备：

序 号	名 称	规 格	数 量	备 注
1	拔轮器		1个	

(2) 材料准备：

序 号	名 称	规 格	数 量	备 注
1	大布		1块	
2	手套		1副	

(3) 工具、用具准备：

序 号	名 称	规 格	数 量	备 注
1	油壶		1把	
2	活动扳手		1把	
3	撬杠		1根	

3. 操作程序说明

1) 使用前检查
(1) 检查支架、拉力链、拉力爪连接是否牢固。
(2) 检查拉力爪受力面是否完好。
(3) 检查加力丝杠、支架丝扣是否完好，是否灵活好用。
2) 使用方法及注意事项
(1) 根据拔轮规格的大小及安装位置情况，选准合适的拔轮器。

(2) 调整丝杠到适当位置，将三爪挂在皮带轮边缘，旋转丝杠使顶端顶在电动机轴上。
(3) 用撬杠固定拔轮器，用扳手旋紧丝杠，直到皮带轮松动。
(4) 取下拔轮器，再取下皮带轮。
3)维护保养
(1) 使用后去污擦净，丝杠恢复原位。
(2) 若长期停用，涂油存放。
4) 清理场地
清理现场，收拾工具。

4. 考核规定说明

(1) 如发现操作过程中可能发生重大违章(如人身伤害、环境污染、工具、设备损坏等)，将终止操作。
(2) 考核采用百分制，考核项目得分按鉴定比重进行折算。
(3) 考核方式说明：本项目为实际操作题，考核过程按评分标准及操作过程进行评分。
(4) 考评技能说明：本项目主要测试考生对拔轮器使用操作技能掌握的熟练程度。

5. 考核时限

(1) 准备工作：1min(不计入考核时间)。
(2) 正式操作时间：15min。
(3) 提前完成操作不加分，到时终止操作考核。

6. 评分记录表

拔轮器使用操作评分记录表

操作时间：15min　　考生：　　操作用时：

序号	考核内容	操作规程	评分要素	评分标准	配分	扣分	得分
1	准备	1. 穿戴好劳动保护用品； 2. 准备工具：拔轮器、大布、手套、油壶、活动扳手、撬杠	准备工具	1. 劳保穿戴不整齐扣5分； 2. 未准备工具扣5分，多、少一件扣1分	10		
2	使用前检查	1. 检查支架、拉力链、拉力爪连接是否牢固； 2. 检查拉力爪受力面是否完好； 3. 检查加力丝杠、支架丝扣是否完好，是否灵活好用	检查拔轮器完好	1. 未检查各连接部件，少一处扣2分； 2. 未检查拉力爪扣3分； 3. 未检查加力丝杠是否灵活好用扣5分	15		

续表

序号	考核内容	操作规程	评分要素	评分标准	配分	扣分	得分
3	使用方法及注意事项	1. 根据拔轮规格的大小及安装位置情况，选准合适的拔轮器； 2. 调丝杠到适当位置，将三爪挂在皮带轮边缘，旋转丝杠使顶端顶在电动机轴上； 3. 用撬杠固定拔轮器，用扳手旋紧丝杠，直到皮带轮松动； 4. 取下拔轮器，取下皮带轮	规范操作，正确使用工具	1. 拔轮器规格选用不正确扣15分； 2. 操作方法不规范一处扣3分； 3. 工具使用不当一次扣5分； 4. 工件未拔出扣15分； 5. 因操作不当导致工件、工具损坏扣5分	50		
4	维护保养	1. 使用后去污擦净，丝杠恢复原位； 2. 若长期停用，涂油存放	设备保养到位	1. 未去污擦净扣5分； 2. 丝杠未恢复扣5分； 3. 长期停用，未保养到位扣5分	15		
5	清理场地	清理现场，收拾工具	收拾工具，清理场地	1. 未清理现场扣5分； 2. 工具少收一件扣2分	10		
6	安全文明操作	1. 遵守国家或企业有关安全规定； 2. 操作过程中严格遵守“四不伤害”原则	遵守国家或企业有关安全规定	1. 每违反一项规定，从总分中扣5分； 2. 因操作不当造成人身伤害、环境污染、工具、设备损坏，从总分中扣20分； 3. 严重违规终止操作			
备注							
合计					100		

考评员：　　　　核分员：　　　　年　月　日

三十九、液压千斤顶使用操作

1. 考核要求

（1）必须穿戴劳动保护用品。

（2）操作规程符合安全文明操作。

（3）按规定完成操作项目，质量达到技术要求。

（4）操作完毕，做到“工完、料净、场地清”。

2. 准备要求

（1）工具准备：

序　号	名　称	规　格	数　量	备　注
1	液压千斤顶		1 台	

（2）材料准备：

序　号	名　称	规　格	数　量	备　注
1	大布		1 块	
2	手套		1 副	

（3）工具、用具准备：

序　号	名　称	规　格	数　量	备　注
1	方木		2 块	

3. 操作程序说明

1）使用前检查

（1）检查液压油是否充足，各部件是否完好。

（2）检查打压泵能否正常打压。

（3）检查顶丝杠是否灵活好用。

（4）检查泄压阀能否泄压。

2）使用方法及注意事项

（1）选择合适的型号。

（2）利用泄压阀调整千斤顶活塞至合适位置。

（3）选择合适位置放置千斤顶，防止打滑。

(4) 千斤顶的底座要垫平，最好用方木板，增大承压面积。

(5) 顶升接触部位须接触平稳，可加顶板，防止被顶物变形。

(6) 用手压泵打压举升千斤顶活塞，试顶无误后再继续顶升至合适。

(7) 缓慢打开泄压阀，缓慢恢复到原始位置。

3) 维护保养

(1) 顶丝杠保养并回旋到位。

(2) 擦净油污存放。

4) 清理场地

清理现场，收拾工具。

4. 考核规定说明

(1) 如发现操作过程中可能发生重大违章(如人身伤害、环境污染、工具、设备损坏等)，将终止操作。

(2) 考核采用百分制，考核项目得分按鉴定比重进行折算。

(3) 考核方式说明：本项目为实际操作题，考核过程按评分标准及操作过程进行评分。

(4) 考评技能说明：本项目主要测试考生对液压千斤顶使用操作技能掌握的熟练程度。

5. 考核时限

(1) 准备工作：1min(不计入考核时间)。

(2) 正式操作时间：5min。

(3) 提前完成操作不加分，到时终止操作考核。

6. 评分记录表

液压千斤顶使用操作评分记录表

操作时间：5min　　　　考生：　　　　操作用时：

序号	考核内容	操作规程	评分要素	评分标准	配分	扣分	得分
1	准备	1. 穿戴好劳动保护用品； 2. 准备工具：液压千斤顶、大布、手套、方木	准备工具	1. 劳保穿戴不整齐扣5分； 2. 未准备工具扣5分，多、少一件扣1分	10		
2	使用前检查	1. 检查液压油是否充足，各部件是否完好； 2. 检查打压泵能否打压； 3. 检查顶丝杠是否灵活； 4. 检查泄压阀能否泄压	检查液压千斤顶完好	1. 未检查液压油扣5分，部件检查不到位，一处扣2分； 2. 未检查打压泵扣5分； 3. 未检查顶丝杠扣2分； 4. 未检查泄压阀扣2分	15		

续表

序号	考核内容	操作规程	评分要素	评分标准	配分	扣分	得分
3	使用方法及注意事项	1. 选择合适的型号； 2. 利用泄压阀调整千斤顶活塞至合适位置； 3. 选择合适位置放置千斤顶，防止打滑； 4. 千斤顶的底座要垫平，最好用方木，增大承压面； 5. 顶升接触面平稳，可加顶板，防止被顶物变形； 6. 用手压泵打压举升千斤顶活塞，试顶无误后再继续顶升至合适； 7. 缓慢打开泄压阀，缓慢恢复到原始位置	规范操作，正确使用工具	1. 型号选择不正确扣 15 分； 2. 未调整到合适位置扣 5 分； 3. 位置选择不合适扣 5 分； 4. 放置方木时底座未垫平扣 5 分； 5. 被顶物变形扣 5 分； 6. 未试顶扣 5 分，操作过程中由于操作不当造成打滑、被顶物脱落、停止操作； 7. 未缓慢泄压扣 10 分，未缓慢恢复到位扣 5 分	55		
4	维护保养	1. 顶丝杠保养并回旋到位； 2. 使用后，去污擦净存放	工具保养到位	1. 顶丝杠未恢复扣 5 分； 2. 未去污擦净扣 5 分	10		
5	清理场地	清理现场，收拾工具	收拾工具，清理场地	1. 未清理现场扣 5 分； 2. 工具少收一件扣 2 分	10		
6	安全文明操作	1. 遵守国家或企业有关安全规定； 2. 操作过程中严格遵守“四不伤害”原则	遵守国家或企业有关安全规定	1. 每违反一项规定，从总分中扣 5 分； 2. 因操作不当造成人身伤害、环境污染、工具、设备损坏，从总分中扣 20 分； 3. 严重违规终止操作			
备注							
合计					100		

考评员： 核分员： 年 月 日

四十、螺旋测微器(外径千分尺)使用操作

1. 考核要求

(1) 必须穿戴劳动保护用品。
(2) 操作规程符合安全文明操作。
(3) 按规定完成操作项目，质量达到技术要求。
(4) 操作完毕，做到“工完、料净、场地清”。

2. 准备要求

(1) 工具准备：

序号	名称	规格	数量	备注
1	螺旋测微器		1个	

(2) 材料准备：

序号	名称	规格	数量	备注
1	大布		1块	
2	记录纸		1张	
3	笔		1支	

3. 操作程序说明

1) 使用前检查
(1) 检查是否有合格证。
(2) 检查测试面是否完好。
(3) 检查刻度线是否清晰。
(4) 检查测试面合口时是否归零。
(5) 检查活动滚筒是否灵活好用。
(6) 检查尺架是否完好。
2) 使用方法及注意事项
(1) 将螺旋测微器的测量面擦干净，校正其归零。
(2) 将预测件表面清洗干净，将预测件置于两侧杆之间。
(3) 调整微分套筒，使两侧杆的侧面接近预测件表面。
(4) 转动棘轮，当棘轮发出“咔咔”的响声时，读测量数据。
(5) 测取三个不同方位的数据，取平均值作为测量结果。
(6) 不可用螺旋测微器测量粗糙工件表面，使用完后清理现场，将测量面擦干净，加润

滑油保养，放入盒中存放。

3）维护保养

（1）使用后，去污擦净将测试面合口，存放至专用盒内。

（2）若长期停用，涂油保养。

4）清理场地

清理现场，收拾工具，记录测试结果。

4. 考核规定说明

（1）如发现操作过程中可能发生重大违章（如人身伤害、环境污染、工具、设备损坏等），将终止操作。

（2）考核采用百分制，考核项目得分按鉴定比重进行折算。

（3）考核方式说明：本项目为实际操作题，考核过程按评分标准及操作过程进行评分。

（4）考评技能说明：本项目主要测试考生对螺旋测微器（外径千分尺）操作技能掌握的熟练程度。

5. 考核时限

（1）准备工作：1min（不计入考核时间）。

（2）正式操作时间：5min。

（3）提前完成操作不加分，到时终止操作考核。

6. 图解

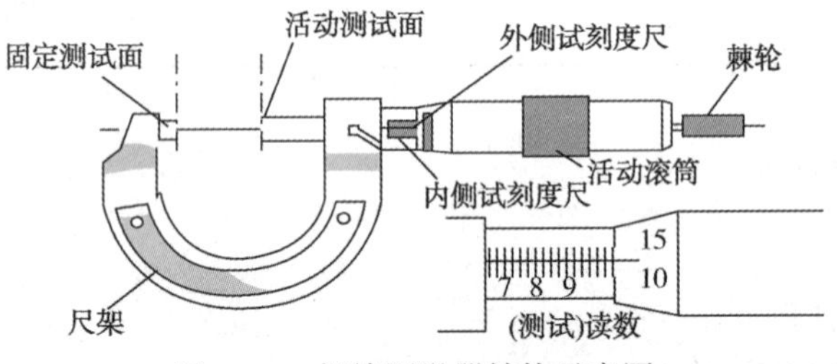

图 40-1　螺旋测微器结构示意图

7. 评分记录表

螺旋测微器（外径千分尺）使用操作评分记录表

操作时间：5min　　考生：　　操作用时：

序号	考核内容	操作规程	评分要素	评分标准	配分	扣分	得分
1	准备	1. 穿戴好劳动保护用品； 2. 准备工具：螺旋测微器、大布、记录纸、笔	准备工具	1. 劳保穿戴不整齐扣 5 分； 2. 未准备工具扣 5 分，多、少一件扣 1 分	10		

续表

序号	考核内容	操作规程	评分要素	评分标准	配分	扣分	得分
2	使用前检查	1. 检查是否有合格证； 2. 检查测试面是否完好； 3. 检查刻度线是否清晰； 4. 检查测试面合口时是否归零； 5. 检查活动滚筒是否灵活好用； 6. 检查尺架是否完好	检查压力钳完好	1. 未检查合格证扣2分； 2. 未检查测试面扣5分； 3. 未检查刻度线扣2分； 4. 未检查归零扣5分； 5. 未检查活动滚筒扣2分； 6. 未检查尺架扣2分	15		
3	使用方法及注意事项	1. 将螺旋测微器的测量面擦干净，校正其归零； 2. 将预测件表面清洗干净，将预测件置于两侧杆之间； 3. 调整微分套筒，使两侧杆的侧面接近预测件表面； 4. 转动棘轮，当棘轮发出“咔咔”的响声时，读测量数据； 5. 测取三个不同方位的数据，取平均值作为测量结果； 6. 不可用螺旋测微器测量粗糙工件表面，使用完后清理现场，将测量面擦干净，加润滑油保养，放入盒中存放	规范操作，正确使用工具	1. 测量面未擦干净扣2分，未校正或校正错误扣3分； 2. 预测件表面未清洁扣2分； 3. 操作方法不规范，一处扣3分； 4. 测取方位不正确扣5分； 5. 测取次数少一次扣5分； 6. 未取平均值作为测量结果扣5分； 7. 工具使用不当，一次扣3分	50		
4	维护保养	1. 若长期停用，涂油保养； 2. 使用后，去污擦净将测试面合口，存放至专用盒内	工具保养到位	1. 长期停用，未保养扣5分； 2. 未去污擦净扣5分； 3. 测试面未合口扣3分； 4. 工具存放位置不正确扣3分	15		

续表

序号	考核内容	操作规程	评分要素	评分标准	配分	扣分	得分
5	清理场地	清理现场，收拾工具，做好相应记录	收拾工具，清理场地	1. 未清理现场扣5分； 2. 工具少收一件扣2分	10		
6	安全文明操作	1. 遵守国家或企业有关安全规定； 2. 操作过程中严格遵守“四不伤害”原则	遵守国家或企业有关安全规定	1. 每违反一项规定，从总分中扣5分； 2. 因操作不当造成人身伤害、环境污染、工具、设备损坏，从总分中扣20分； 3. 严重违规终止操作			
备注							
合　计					100		

考评员：　　　　　　　　核分员：　　　　　　　　年　月　日

四十一、手电钻使用操作

1. 考核要求

（1）必须穿戴劳动保护用品。
（2）操作规程符合安全文明操作。
（3）按规定完成操作项目，质量达到技术要求。
（4）操作完毕，做到“工完、料净、场地清”。

2. 准备要求

（1）工具准备：

序 号	名 称	规 格	数 量	备 注
1	手电钻		1台	

（2）材料准备：

序 号	名 称	规 格	数 量	备 注
1	大布		1块	
2	手套		1副	
3	划线笔		1支	

（3）工具、用具准备：

序 号	名 称	规 格	数 量	备 注
1	钻头		1套	
2	试电笔		1支	
3	专用扳手		1把	
4	榔头		1个	
5	铳子		1个	
6	直尺		1把	

3. 操作程序说明

1）使用前检查
（1）检查外观是否完好。
（2）检查电钻导线、插头有无破损、老化、接触不良。
（3）检查手柄绝缘胶皮是否完好。
（4）检查钻夹头、转子是否转动灵活，开关是否灵敏可靠。
（5）检查配套钻头是否完好。

2）使用方法及注意事项

（1）丈量尺寸，做定位标记并铳出定位坑。

（2）选择钻头尺寸，装夹钻头，用力适当。

（3）通电后检查外壳是否带电。

（4）使用前空转，确认转动方向，正常后方可使用。

（5）钻孔时工件要牢固，钻头对准定位坑，不得用力过猛，如需加力必须保持电钻垂直，以防折断钻头，烧坏电机。

（6）中途更换新钻头，沿原孔洞进行钻孔时，不要突然用力，防止折断钻头发生意外。

（7）电钻未完全停止转动时，不能卸、换钻头，出现异常时不得自行拆卸。

（8）使用中如发现电钻漏电、振动、高温过热时，应立即停机，查找原因。

（9）工作时身体保持平稳。

（10）停用后，应立即切断电源。

3）维护保养

（1）使用后，工具、用具去污擦净。

（2）使用后，钻头与电钻完全分离并存放到指定地点。

4）清理场地

清理现场，收拾工具。

4. 考核规定说明

（1）如发现操作过程中可能发生重大违章（如人身伤害、环境污染、工具、设备损坏等），将终止操作。

（2）考核采用百分制，考核项目得分按鉴定比重进行折算。

（3）考核方式说明：本项目为实际操作题，考核过程按评分标准及操作过程进行评分。

（4）考评技能说明：本项目主要测试考生对手电钻使用操作技能掌握的熟练程度。

5. 考核时限

（1）准备工作：1min（不计入考核时间）。

（2）正式操作时间：8min。

（3）提前完成操作不加分，到时终止操作考核。

6. 评分记录表

手电钻使用操作评分记录表

操作时间：8min　　　　考生：　　　　操作用时：

序号	考核内容	操作规程	评分要素	评分标准	配分	扣分	得分
1	准备	1. 穿戴好劳动保护用品； 2. 准备工具：手电钻、大布、手套、划线笔、钻头、试电笔、专用扳手、榔头、铳子、直尺	准备工具	1. 劳保穿戴不整齐扣5分； 2. 未准备工具扣5分，多、少一件扣1分	10		

续表

序号	考核内容	操作规程	评分要素	评分标准	配分	扣分	得分
2	使用前检查	1. 检查外观是否完好； 2. 检查导线、插头有无破损、老化、接触不良； 3. 检查手柄绝缘胶皮是否完好； 4. 检查钻夹头、转子是否转动灵活，开关是否灵敏可靠； 5. 检查配套钻头是否完好	检查手电钻完好	1. 未检查外观扣2分； 2. 导线、插头检查不到位，一处扣3分； 3. 手柄绝缘胶皮检查不到位扣2分； 4. 钻夹头、转子、开关检查不到位各扣2分； 5. 钻头不配套扣5分	20		
3	使用方法及注意事项	1. 丈量尺寸，做定位标记并铳出定位坑； 2. 选择钻头尺寸，装夹钻头，用力适当； 3. 通电后检查外壳是否带电； 4. 使用前空转，确认转动方向，正常后方可使用； 5. 钻孔时工件要牢固，钻头对准定位坑，不得用力过猛，如需加力，必须保持电钻垂直，以防折断钻头，烧坏电机； 6. 中途更换新钻头，沿原孔洞进行钻孔时，不要突然用力，防止折断钻头发生意外； 7. 电钻未完全停止转动时，不能卸、换钻头，出现异常时不得自行拆卸； 8. 使用中如发现电钻漏电、振动、高温过热时，应立即停机，查找原因； 9. 工作时身体保持平稳； 10. 停用后，应立即切断电源	规范操作，正确使用工具	1. 尺寸未丈量及丈量错误扣3分，未做标记扣2分，未铳出定位坑扣5分； 2. 钻头尺寸选择错误扣10分，装夹钻头不规范扣5分； 3. 未检查外壳是否带电扣3分； 4. 未试运转扣2分，未确定转动方向扣2分； 5. 工件固定不牢固扣5分，钻头未对准定位坑扣10分，用力过猛扣5分； 6. 电钻未完全停止卸、换钻头，停止操作； 7. 使用中发现异常，未及时停机扣10分； 8. 工作时姿势不规范一次扣2分； 9. 停用后，未立即切断电源扣5分	50		
4	维护保养	1. 使用后，工具、用具去污擦净； 2. 使用后，钻头与电钻完全分离并存放到指定地点	设备保养到位	1. 工具、用具未去污擦净，一处扣2分； 2. 钻头与电钻未分离扣5分； 3. 未存放到指定地点扣2分	10		

续表

序号	考核内容	操作规程	评分要素	评分标准	配分	扣分	得分
5	清理场地	清理现场，收拾工具	收拾工具，清理场地	1. 未清理现场扣5分； 2. 工具少收一件扣2分	10		
6	安全文明操作	1. 遵守国家或企业有关安全规定； 2. 操作过程中严格遵守“四不伤害”原则	遵守国家或企业有关安全规定	1. 每违反一项规定，从总分中扣5分； 2. 因操作不当造成人身伤害、环境污染、工具、设备损坏，从总分中扣20分； 3. 严重违规终止操作			
备注							
合　计					100		

考评员：　　　　核分员：　　　　年　月　日

四十二、更换法兰金属缠绕垫操作

1. 考核要求

(1) 必须穿戴劳动保护用品。
(2) 操作规程符合安全文明操作。
(3) 按规定完成操作项目，质量达到技术要求。
(4) 操作完毕，做到“工完、料净、场地清”。

2. 准备要求

(1) 工具准备：

序 号	名 称	规 格	数 量	备 注
1	流程		1套	

(2) 材料准备：

序 号	名 称	规 格	数 量	备 注
1	大布		1块	
2	手套		1副	
3	金属缠绕垫		2个	
4	肥皂水		1瓶	
5	黄油		1桶	

(3) 工具、用具准备：

序 号	名 称	规 格	数 量	备 注
1	正压式空气呼吸器		1台	硫化氢井站
2	四合一检测仪		1台	
3	撬杠	1m	1根	
4	梅花扳手		1套	
5	安全警示牌		1块	
6	污油桶		1个	
7	刮刀		1把	
8	F扳手		1把	

3. 操作程序说明

1）使用前检查

（1）准备工具、用具。

（2）劳保必须穿戴整齐。

（3）检查流程，确认流程走向。

（4）挂警示牌。

2）倒流程

（1）侧身缓慢打开旁通阀门，确认旁通流程畅通。

（2）侧身关闭上下流阀门，确认流程切改成功。

（3）打开放空阀泄尽管线内余压。

3）更换法兰金属缠绕垫片

（1）卸法兰螺栓，先卸松下部的螺栓，再卸松其他螺栓，对称留两条螺栓。

（2）用撬杠撬开法兰，取出旧垫子，用刮刀将两侧法兰断面、水纹线清理干净。

（3）将新垫片放入法兰片内，对正中心不得偏斜。

（4）对角均匀紧固法兰螺栓，间隙一致。

4）恢复流程

（1）关闭放空阀，缓慢打开下流阀门试压，合格后完全打开下流阀门。

（2）缓慢打开上流阀门，观察无渗漏后，完全打开上流闸门。

（3）关闭旁通阀门，检查流程有无渗漏现象。

5）清理场地

清理现场，收拾工具。

4. 考核规定说明

（1）如发现操作过程中可能发生重大违章（如人身伤害、环境污染、工具、设备损坏等），将终止操作。

（2）考核采用百分制，考核项目得分按鉴定比重进行折算。

（3）考核方式说明：本项目为实际操作题，考核过程按评分标准及操作过程进行评分。

（4）考评技能说明：本项目主要测试考生对更换法兰金属缠绕垫垫片技能掌握的熟练程度。

5. 考核时限

（1）准备工作：1min（不计入考核时间）。

（2）正式操作时间：15min。

（3）提前完成操作不加分，到时终止操作考核。

6. 评分记录表

更换法兰金属缠绕垫操作评分记录表

操作时间：15min　　考生：　　操作用时：

序号	考核内容	操作规程	评分要素	评分标准	配分	扣分	得分
1	准备	1. 穿戴好劳动保护用品； 2. 准备工具：大布、手套、金属缠绕垫、黄油、肥皂水、撬杠、梅花扳手、安全警示牌、污油桶、刮刀、F扳手	准备工具用具	1. 劳保穿戴不整齐扣5分； 2. 未准备工具扣5分，多、少一件扣2分	10		
2	倒流程	1. 侧身缓慢打开旁通阀门，确认旁通流程畅通； 2. 侧身关闭上下流阀门，确认流程切改成功； 3. 打开放空阀泄尽管线内余压	正确切换流程	1. 未倒通旁通扣5分； 2. 未关闭上下流阀门扣5分； 3. 泄压不彻底扣5分	15		
3	更换法兰垫片	1. 卸法兰螺栓，先卸松下部的螺栓，再卸松其他螺栓，对称留两条螺栓； 2. 用撬杠撬开法兰，取出旧垫子，用刮刀将两侧法兰断面、水纹线清理干净； 3. 将新垫片涂抹黄油后放入法兰片内，对正中心不得偏斜； 4. 对角均匀紧固法兰螺栓，间隙一致	按操作规程操作	1. 卸螺栓顺序错误扣5分； 2. 未清理法兰面扣10分；清理法兰面不干净扣5分；清理法兰面不侧身扣3分；清理不规范扣2分； 3. 安装不规范扣5分； 4. 未对称紧固螺栓扣5分，法兰间隙不一致扣5分	30		
4	恢复流程	1. 关闭放空阀，缓慢打开下流阀门试压，合格后完全打开下流阀门； 2. 缓慢打开上流阀门，观察无渗漏后，完全打开上流闸门； 3. 关闭旁通阀门，检查流程有无渗漏现象	规范操作，试压合格	1. 未关闭放空阀扣10分； 2. 倒流程顺序错误，一处扣5分； 3. 未试压扣5分，渗漏未整改扣5分	30		

续表

序号	考核内容	操作规程	评分要素	评分标准	配分	扣分	得分
5	清理场地	清理现场，收拾工具	收拾工具，清理场地	1. 未清理现场扣10分； 2. 工具少收一件扣2分	15		
6	安全文明操作	1. 遵守国家或企业有关安全规定； 2. 操作过程中严格遵守“四不伤害”原则	遵守国家或企业有关安全规定	1. 每违反一项规定，从总分中扣5分； 2. 因操作不当造成人身伤害、环境污染、工具、设备损坏，从总分中扣20分； 3. 严重违规终止操作； 4. 不正确使用工具、用具，扣分项在安全文明操作项内扣除，一次扣2分，最多扣20分			
备注							
合计					100		

考评员： 核分员： 年 月 日

四十三、计量加药泵参数调整操作

1. 考核要求

(1) 必须穿戴劳动保护用品。
(2) 工具、用具准备齐全，正确使用。
(3) 操作规程符合安全文明操作。
(4) 按规定完成操作项目，质量达到技术要求。
(5) 操作完毕，做到“工完、料净、场地清”。

2. 准备要求

(1) 设备准备：

序 号	名 称	规 格	数 量	备 注
1	柱塞式加药泵	JXB	1 台	

(2) 材料准备：

序 号	名 称	规 格	数 量	备 注
1	大布		1 块	
2	手套		1 副	
3	润滑油		1 桶	
4	报表		1 张	
5	笔		1 支	

(3) 工具、用具准备：

序 号	名 称	规 格	数 量	备 注
1	正压式空气呼吸器		1 台	硫化氢井(站)
2	四合一检测仪		1 台	
3	活动扳手	200mm、250mm	各 1 把	

3. 操作程序说明

1）计算加药量

根据生产需要计算加药量，公式为：

$$加药浓度(10^{-6}) = \frac{24h 加药量(L)}{24h 产液量(m^3)} \times 1000$$

2）加药量调整

（1）记录时间，记录药剂罐液位。

（2）调节加药量，根据工艺要求，调整指针旋到指定位置，然后将调节转盘后的锁紧螺母锁定，以保持设定的流量。

（3）观察 2~4h，观察药剂罐液位下降的情况(实际流量)，核算实际加药量与设定值是否一致，根据结果反复调整加药量值至设定值，锁紧螺母，禁止猛开猛关。

（4）按时记录药剂罐液位并填写报表。

3）清理场地

清洁现场，收拾工具，做好相应记录。

4. 考核规定说明

（1）如操作违章，将停止考核。

（2）考核采用百分制，考核项目得分按鉴定比重进行折算。

（3）考核方式说明：本项目为实际操作题，考核过程按评分标准及操作过程进行评分。

（4）测量技能说明：本项目主要测试考生调整柱塞式计量加药泵技能掌握的熟练程度。

5. 考核时限

（1）准备工作：1min(不计入考核时间)。

（2）正式操作时间：5min。

（3）提前完成操作不加分，到时停止操作考核。

6. 评分记录表

计量加药泵参数调整操作评分记录表

操作时间：5min　　考生：　　操作用时：

序号	考核内容	操作规程	评分要素	评分标准	配分	扣分	得分
1	准备	1. 穿戴好劳动保护用品； 2. 准备工具：大布、手套、润滑油、报表、笔、活动扳手	准备工具、用具	1. 劳保穿戴不整齐扣 5 分； 2. 未准备工具扣 5 分，多、少一件扣 1 分	10		

续表

序号	考核内容	操作规程	评分要素	评分标准	配分	扣分	得分
2	计算加药量	根据生产需要计算加药量	根据公式计算	1. 不知道计算公式扣25分； 2. 不会计算扣20分，计算错误扣10分	25		
3	加药量调整	1. 记录时间，药剂罐液位； 2. 调节加药量，根据工艺要求，调整指针旋到指定位置，后锁定锁紧螺母，以保持设定的流量。 3. 观察2～4h，观察药剂罐液位下降的情况实际流量，核算实际加药量与设定值是否一致，根据结果反复调整加药量值至设定值，锁紧螺母，禁止猛开猛关； 4. 按时记录药剂罐液位	按要求进行检查	1. 未记录时间扣10分，未记录药剂罐液位扣10分； 2. 不会调节加药量本项不得分； 3. 未复查并再次调整扣20分，未锁紧螺母15分，猛开猛关扣10分； 4. 未按时记录药剂罐液位扣10分	55		
4	清理场地	清洁现场，收拾工具，做好相应记录	收拾工具，清洁场地	1. 未清理现场扣除5分； 2. 未做相应记录，扣5分；工具少收一件扣除2分	10		
5	安全文明操作	1. 遵守国家或企业有关安全规定； 2. 操作过程中严格遵守“四不伤害”原则	遵守国家或企业有关安全规定	1. 每违反一项规定，从总分中扣5分； 2. 因操作不当造成人身伤害，从总分中扣20分； 3. 严重违规取消考核； 4、未正确使用工具，每次从总分中扣2分； 5. 不正确使用工具、用具，扣分项在安全文明操作项内扣除，一次扣2分，最多扣20分			
备注							
合　计					100		

考评员：　　　　核分员：　　　　年　月　日

四十四、撬装式计量撬操作

1. 考核要求

（1）必须穿戴劳动保护用品。
（2）工具、量具、用具准备齐全，正确使用。
（3）操作规程符合安全文明操作。
（4）按规定完成操作项目，质量达到技术要求。
（5）操作完毕，做到“工完、料净、场地清”。

2. 准备要求

（1）设备准备：

序号	名称	规格	数量	备注
1	撬装阀组	常规	1台	

（2）材料准备：

序号	名称	规格	数量	备注
1	大布		1块	
2	手套		1副	

（3）工具、用具准备：

序号	名称	规格	数量	备注
1	报表		1张	
2	笔		1支	
3	F扳手		1把	
4	四合一气体检测仪		1台	
5	正压式呼吸器		1台	硫化氢井(站)
6	活动扳手	300mm	1把	
7	试电笔		1支	

3. 操作程序说明

1）检查工具、用具

检查各工具、用具的可用性，须符合本次操作使用要求。

2）检查测量装置

（1）检查撬装计量装置阀门开关情况：1#单井旁通阀关，2#单井进计量阀开，3#计量流程进口总阀开，4#生产外输汇管总阀开，5#旁通总阀关，6#分离器出口开，7#进分离器前端控制阀开，8#分离器进口开，9#气相出口阀开，10#过滤器旁通阀关。

（2）检查压力表是否显示正常，装置有无滴、漏现象，确认流程是否正确。

（3）检查液、气流量计显示情况是否正常。

3）检查控制仪表箱

（1）先将仪表箱上电，打开流量计算机电源（电源指示灯亮起），观察流量计算机显示是否正常。

（2）如在上电后仪表显示有正在测量某井，可根据仪表箱操作按键将其停止，使仪表处于空闲状态。

4）单井计量操作

（1）正常情况下单井计量（自动）。

① 首先将三通阀的手柄置于自动位置，根据被测单井号在三相流仪表控制箱上操作对应井号的“开/ ON”按键（绿色），将被测单井切入测量管线。

② 测量开始后，仪表会自动控制计量装置，无需人工干预。

③ 当测量结束时，按下对应井号的“关/OFF”按键（红色）。此时，计量显示屏可显示出计量时间（小时：分钟：秒）、纯液量（m^3/d）、纯气量（Nm^3/d），油含水（%）记录下即可。

④ 测量完毕后，纯液量、纯气量、油含水、测量时间会固定不变，以便现场操作人员记录，根据实际需求记录下所需参数即可。

（2）停电情况下单井计量（手动）。

① 首先将三通阀的手柄扳向手动位置，然后摇动手柄，观察电动头上的指针，使其与气管线（黄色管线）垂直，压油开始。

② 观察液位，当液位小于5cm时，摇动手柄，使指针与气管线平行，此时液位应该开始上升。当液位上升到5cm时，开始计时。当液位到达55cm时，计时停止，计量结束，从流量计读出计量数据。

③ 手动测量液位时可根据每口井的出油量来决定所测液位的高度。

5）运行检查

（1）确认计量装置液位，压力处于合理范围内，计量装置运行正常。

（2）检查各连接部位是否有“跑、冒、滴、漏”现象。

6）清理场地

清洁现场，收拾工具，做好相应记录。

4. 考核规定说明

（1）如发现操作过程中可能发生重大违章（如人身伤害、环境污染、设备损坏等），将终止操作。

（2）考核采用百分制，考核项目得分按鉴定比重进行折算。

（3）考核方式说明：本项目为实际操作题，考核过程按评分标准及操作过程进行评分。

（4）测量技能说明：本项目主要测试考生对撬装式计量撬操作技能掌握的熟练程度。

5. 考核时限

（1）准备工作：1min（不计入考核时间）。

（2）正式操作时间：15min。

（3）提前完成操作不加分，到时终止操作考核。

6. 图解

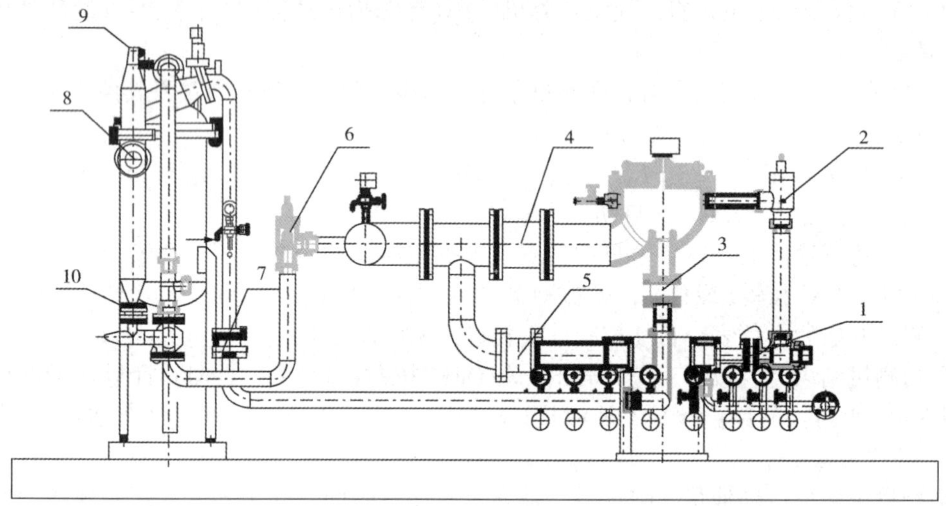

图 44-1　撬装计量阀组结构示意图

1—单井旁通阀；2—单井进计量阀；3—计量流程进口总阀；4—生产外输汇管总阀；5—旁通总阀；6—分离器出口；7—进分离器前端控制阀；8—分离器进口；9—气相出口阀；10—过滤器旁通阀

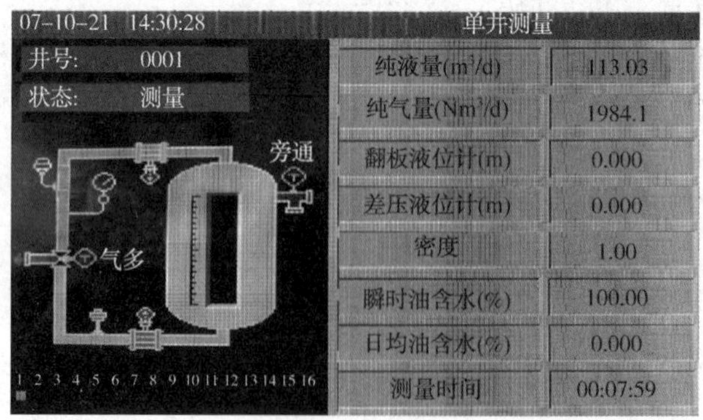

图 44-2　仪表显示屏

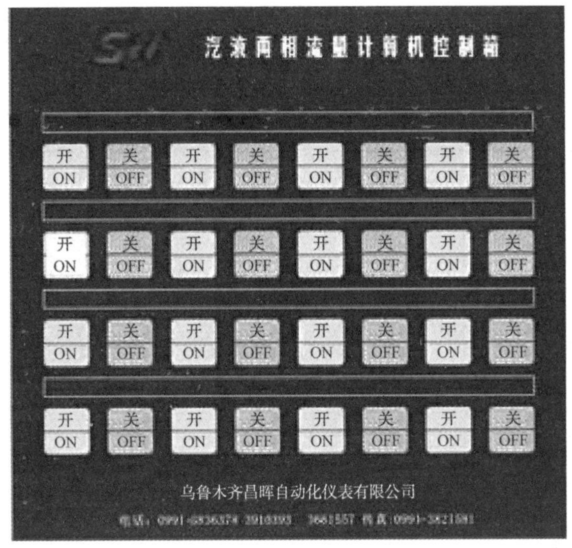

图 44-3　计量装置

图 44-4　计量显示屏

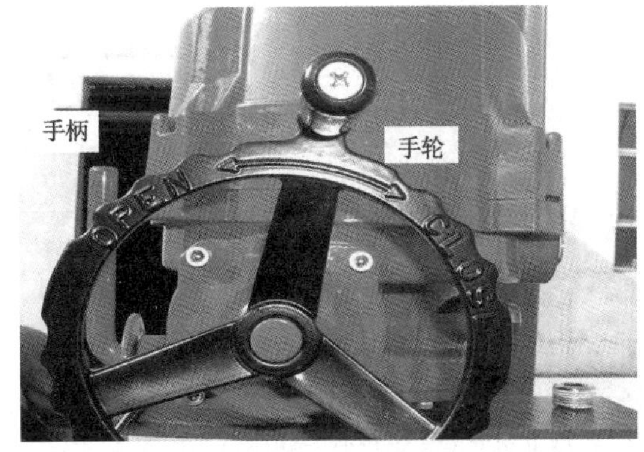

图 44-5　三通阀

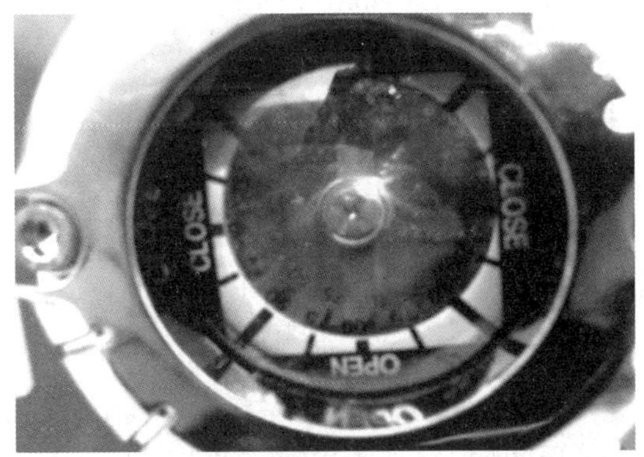

图 44-6　流量计

7. 评分记录表

撬装式计量撬操作评分记录表

操作时间：15min　　　　考生：　　　　操作用时：

序号	考核内容	操作规程	评分要素	评分标准	配分	扣分	得分
1	准备及检查	1. 穿戴好劳动保护用品； 2. 准备工具：报表、笔、大布、手套、F扳手，四合一检测仪、空呼、试电笔、活动扳手	准备工具、用具	1. 劳保穿戴不整齐扣3分； 2. 未准备工具及材料扣5分，多、少准备一件扣1分	5		
2	测量装置检查	1. 检查工具、用具； 2. 检查撬装计量装置阀门开关情况：1#单井旁通阀关，2#单井进计量阀开，3#计量流程进口总阀开，4#生产外输汇管总阀开，5#旁通总阀关，6#分离器出口开，7#进分离器前端控制阀开，8#分离器进口开，9#气相出口阀开，10#过滤器旁通阀关； 3. 检查压力表是否显示正常，装置有无滴、漏现象，确认流程是否正确； 4. 检查液、气流量计显示情况是否正常； 5. 检查控制仪表箱，观察流量计算机显示是否正常	认真检查到位	1. 测量装置阀门开关情况少检查一项扣2分； 2. 压力表显示情况，渗漏情况少检查一项扣2分； 3. 液位计检查不到位扣5分	15		
	控制仪表箱检查	1. 先将仪表箱上电，打开流量计算机电源(电源指示灯亮起)，观察流量计算机显示是否正常； 2. 若仪表显示有正在测量某井，可根据仪表箱操作按键将其停止，使仪表处于空闲状态	认真检查操作	1. 未检查仪表箱计算机显示情况扣5分； 2. 未调节仪表处于空闲状态扣5分	10		

续表

序号	考核内容	操作规程	评分要素	评分标准	配分	扣分	得分
2	单井计量操作（自动）	1. 首先将三通阀的手柄置于自动位置，根据被测单井号在三相流仪表控制箱上操作对应井号的“开/ ON”按键（绿色），将被测单井改入测量管线； 2. 测量开始后，仪表会自动控制测量装置，无需人工干预； 3. 当测量结束时，按下对应井号的“关/OFF”按键（红色）； 4. 测量完毕后，纯液量、纯气量、油含水、测量时间会固定不变以便现场操作人员记录，根据实际需求记录下所需参数即可	掌握自动量油操作	1. 操作顺序错误，一次扣10分； 2. 未记录所需参数，一处扣2分，最多15分	20		
	单井计量操作（手动）	1. 首先将三通阀的手柄扳向手动位置，然后摇动手柄，观察电动头上的指针，使其与气管线（黄色管线）垂直，压油开始； 2. 观察液位，当液位小于5cm时，摇动手柄，使指针与气管线平行，此时液位应该开始上升； 3. 当液位上升到5cm时，开始计时，当液位到达55cm时，计时停止，计量结束； 4. 流量计读出计量数据	先检查后操作防止憋压	1. 未正确开关三通阀门终止操作； 2. 未缓慢、平稳摇动手柄并观察液位扣10分； 3. 未及时准备记录开始和停止计量时间扣10分； 4. 读数错误扣10分	25		

续表

序号	考核内容	操作规程	评分要素	评分标准	配分	扣分	得分
3	运行检查及记录	1. 确认计量装置液位，压力处于合理范围内，计量装置运行正常； 2. 检查各连接部位是否有“跑、冒、滴、漏”情况； 3. 记录报表	确认分离器运行正常	1. 未确认液位、压力情况扣5分；未确认计量装置运行情况扣10分； 2. 未检查“跑、冒、滴、漏”情况，一处扣2分； 3. 未记录报表扣5分	15		
4	清理场地	清洁现场，收拾工具	收拾工具，清洁场地	1. 未清理现场扣除5分； 2. 工具少收一件扣除2分	10		
5	安全文明操作	1. 违反重大安全事项，终止操作； 2. 操作过程中严格遵守“四不伤害”原则	遵守国家或企业有关安全规定	1. 工具未正确使用，每次从总分中扣2分，最多扣10分； 2. 每违反一项规定从总分中扣5分，严重违规取消考核； 3. 因操作不当造成人身伤害，从总分中扣20分			
备注							
合　计					100		

考评员：　　　　核分员：　　　　年　月　日

四十五、柱塞泵更换填料操作

1. 考核要求

(1) 必须穿戴劳动保护用品。
(2) 工具、准备齐全，正确使用。
(3) 操作规程符合安全文明操作。
(4) 按规定完成操作项目，质量达到技术要求。
(5) 操作完毕，做到“工完、料净、场地清”。

2. 准备要求

(1) 设备准备：

序 号	名 称	规 格	数 量	备 注
1	柱塞泵		1台	

(2) 材料准备：

序 号	名 称	规 格	数 量	备 注
1	大布		1块	
2	手套		1副	
3	填料	与柱塞同型号	1卷	
4	报表		1张	
5	笔		1支	

(3) 工具、量具、用具准备：

序 号	名 称	规 格	数 量	备 注
1	活动扳手	300mm、375mm	各1把	
2	F扳手		1把	
3	压帽松紧专用棒		1根	
4	螺丝刀	200mm	1把	平口
5	榔头	2lb(1lb=453.6g)	1把	
6	填料取出钩		2个	

续表

序 号	名 称	规 格	数 量	备 注
7	美工刀		1 把	
8	试电笔	500V	1 支	
9	绝缘手套		1 副	
10	污油桶		1 个	
11	红外线测温仪		1 台	
12	测振仪		1 台	
13	防油塑料布		1 块	
14	黄油		1 桶	

3. 操作程序说明

1）准备

准备全工具、用具和材料。

2）停泵操作

（1）完全打开出口管线上的回流阀，关闭出口阀，使泵转入空载运转。

（2）验电，确认安全，按停止按钮，停泵。

（3）验电，确认安全，拉闸断电。

（4）停泵后关闭泵进口阀和回流阀门。

（5）排尽泵腔内余压。

（6）记录停泵时间，挂停运指示牌。

3）拆除填料操作

（1）盘泵，将第一缸柱塞盘至后止点。

（2）用压帽松紧专用棒拆除填料函压帽。

（3）螺丝刀和榔头配合拆去填料压套。

（4）用填料取出钩将填料函内的填料依次取出。

（5）清理检查填料函、柱塞、填料压套是否完好。

4）安装填料操作

（1）用美工刀切开填料原接口（呈 45°角）。

（2）填料内圈均匀涂抹黄油。

（3）依次将新填料安装到填料函内，每根填料接口错开 90°～180°。

（4）填料加至填料压套进入函体内 1/2 处为合适。

（5）安装填料压套和填料函压帽，填料函压帽松紧度调至合适。

（6）盘泵，依照 3）、4）操作步骤依次将剩余其他缸的填料更换完毕（口述）。

5）启泵前的检查

（1）检查供电系统是否正常（仪表、电压、电缆线）。

（2）检查进出口压力表。

(3) 检查机油液位是否符合要求，高度为 1/2~2/3。

(4) 清除泵周围杂物，检查各部螺栓是否紧固。

(5) 检查电机接地线是否完好。

(6) 检查泵各连接部位有无渗漏现象。

(7) 打开进出口阀门、回流阀，排气；

(8) 盘泵 3~5 圈，运动机构不得有卡阻、异响。

6) 启泵操作

(1) 验电，确认安全，送电。

(2) 合上电源，按启动按钮，启泵空转。

(3) 调整填料函压帽的松紧度。

(4) 缓慢关回流阀，上压，直到达到要求压力为止。

7) 启泵后的检查

(1) 检查电机电流、电压值是否正常。

(2) 检查机泵温度、声音、振幅是否正常。

(3) 检查底座螺栓有无松动。

(4) 检查调整泵的漏失量，8~15 滴/min 为合格，各连接部位无漏、滴。

(5) 检查皮带传动是否正常，有无打滑或其他异常情况。

(6) 检查压力波动是否过大。

(7) 检查润滑油，应在视窗的 1/3~1/2 处。

(8) 挂设备运行指示牌。

(9) 录取数据(压力、排量、启泵时间)。

8) 清理现场

(1) 清洁收回工具。

(2) 填写相关记录。

4. 考核规定说明

(1) 如发现操作过程中可能发生重大违章(如人身伤害、环境污染、设备损坏等)，将终止操作。

(2) 考核采用百分制，考核项目得分按鉴定比重进行折算。

(3) 考核方式说明：本项目为实际操作题，考核过程按评分标准及操作过程进行评分。

(4) 考评技能说明：本项目主要测试考生对柱塞泵更换填料操作技能掌握的熟练程度。

5. 考核时限

(1) 准备工作：2min(不计入考核时间)。

(2) 正式操作时间：30min。

(3) 提前完成操作不加分，到时终止操作考核。

6. 评分记录表

柱塞泵更换填料操作评分记录表

操作时间：30min　　考生：　　操作用时：

序号	考核内容	操作规程	评分要素	评分标准	配分	扣分	得分
1	工具准备	1. 穿戴好劳动保护用品； 2. 准备工具用具：黄油、大布、手套、活动扳手各、F扳手、试电笔、绝缘手套、压帽松紧专用棒、平口螺丝刀、榔头、防油塑料布、填料取出钩、美工刀、红外线测温仪、测振仪、污油桶、笔、报表	准备工具、量具、用具	1. 劳保穿戴不整齐扣5分； 2. 未准备工具扣5分，多、少一件扣1分	5		
2	停泵操作	1. 完全打开出口管线上的回流阀，关闭出口阀，使泵转入空载运转； 2. 验电，确认安全，按停止按钮，停泵； 3. 验电，确认安全，拉闸断电； 4. 停泵后关闭泵进口阀； 5. 排尽泵腔内余压； 6. 记录停泵时间，挂停运指示牌	规范操作	1. 未完全打开回流阀扣5分，未关闭出口阀扣3分； 2. 未验电，一次扣3分；验电方法不正确，一次扣3分； 3. 未戴绝缘手套停泵、断电，一次扣5分； 4. 停泵后未关阀门扣2分； 5. 未排尽泵腔内余压终止操作； 6. 未记录停泵时间扣2分，未挂停运指示牌扣2分	10		
3	拆除填料操作	1. 盘泵，将第一缸柱塞盘至后止点； 2. 用压帽松紧专用棒拆除填料函压帽； 3. 螺丝刀和榔头配合拆去填料压套； 4. 用填料取出钩将填料函内的填料依次取出； 5. 清理、检查填料函、柱塞、填料压套是否完好	规范操作	1. 未盘泵扣3分，未盘到后止点扣2分； 2. 卸填料函压帽方向错误扣2分，未缓慢卸掉压帽扣5分； 3. 未缓慢卸掉压套扣5分； 4. 旧填料未取完扣5分； 5. 未清理检查填料函、柱塞、填料压套，一处扣3分	20		

续表

序号	考核内容	操作规程	评分要素	评分标准	配分	扣分	得分
4	安装填料操作	1. 用美工刀切开填料原接口（呈 45°角）； 2. 填料内圈均匀涂抹黄油； 3. 依次将新填料安装到填料函内，每根填料接口错开 90°~180°； 4. 填料加至填料压套进入函体内 1/2 处为合适； 5. 安装填料压套和填料函压帽，填料函压帽松紧度调至合适； 6. 盘泵，依照 3、4 操作步骤依次更换其他缸的填料(口述)	规范操作	1. 切口角度不够扣 5 分，填料未切在原接口扣 5 分； 2. 新填料未涂抹黄油扣 2 分； 3. 每根填料接口未错开 90° ~ 180°扣 2 分； 4. 口述填料加至填料压套进入函体内 1/2 处为合适，未口述、口述错误扣 5 分； 5. 填料安装不合适的扣 5 分，填料函压帽松紧不合适扣 5 分； 6. 未口述扣 5 分	20		
5	启泵前的检查	1. 检查供电系统是否正常(仪表、电压、电缆线）； 2. 检查进出口压力表； 3. 检查机油液位是否符合要求，高度为 1/3~1/2； 4. 清除泵周围杂物，检查各部螺栓是否紧固； 5. 检查电机接地线是否完好； 6. 检查泵各连接部位有无渗漏现象； 7. 打开进出口阀门、回流阀，排气； 8. 盘泵 3~5 圈，运动机构不得有卡阻、异响	规范检查	1. 未检查供电系统扣 2 分； 2. 未检查压力表一处扣 2 分； 3. 未检查机油液位扣 2 分； 4. 泵周围有杂物扣 2 分，未检查各部螺栓，一处扣 2 分； 5. 未检查接地线扣 2 分； 6. 未检查各连接部位有无渗漏，一处扣 2 分； 7. 未打开进出、口阀门及回流阀，一处扣 2 分；未开流程阀门造成憋压终止操作，未排气扣 3 分； 8. 未盘泵扣 3 分	15		

续表

序号	考核内容	操作规程	评分要素	评分标准	配分	扣分	得分
6	启动操作	1. 验电，确认安全，送电； 2. 合上电源，按启动按钮，启泵空转； 3. 缓慢关回流阀，直到达到要求压力为止	规范操作	1. 未验电和验电方法不正确扣2分； 2. 未戴绝缘手套送电、按启动按钮，一次扣3分； 3. 未缓慢关回流阀调节泵压扣5分	10		
7	启泵后的检查	1. 检查电机电流、电压值是否正常； 2. 检查机泵温度、声音、振幅是否正常； 3. 检查底座螺栓有无松动； 4. 检查调整泵的漏失量，8～15 滴/min为合格，各连接部位无漏、滴； 5. 检查皮带传动是否正常，有无打滑或其他异常情况； 6. 检查压力波动是否过大； 7. 检查润滑油，应在视窗的1/3~1/2处； 8. 挂设备运行指示牌； 9. 录取数据(压力、排量、启泵时间)	规范检查	1. 未检查电机电流、电压，一处扣2分； 2. 未检查机泵温度、声音、振幅，一处扣2分； 3. 未检查电机底座螺栓扣2分； 4. 未检查泵调整漏失量扣5分，未检查各连接部位漏失情况扣2分； 5. 未检查皮带扣2分； 6. 未检查压力是否平稳扣3分； 7. 未检查润滑油扣2分； 8. 未挂设备运行指示牌扣2分； 9. 录取数据缺一项扣1分	15		
8	清理现场	1. 清洁收回工具； 2. 填写相关记录	收拾工具，清理场地	1. 未清理现场扣除3分； 2. 工具少收一件扣1分； 3. 未填写报表扣2分	5		
9	安全文明操作	1. 遵守国家或企业有关安全规定； 2. 操作过程中严格遵守“四不伤害”原则	遵守国家或企业有关安全规定	1. 每违反一项规定，从总分中扣5分； 2. 严重违规取消考核； 3. 因操作不当造成人身伤害，从总分中扣20分； 4. 不正确使用工具、用具，扣分项在安全文明操作项内扣除，一次扣2分，最多扣20分			
备注							
		合　计			100		

考评员：　　　　核分员：　　　　年　月　日

四十六、清理加热炉烟道操作

1. 考核要求

(1) 必须穿戴劳动保护用品。
(2) 工具、用具准备齐全，正确使用。
(3) 操作规程符合安全操作。
(4) 按规定完成操作项目，质量达到技术要求。
(5) 操作完毕，做到“工完、料净、场地清”。

2. 准备要求

(1) 设备准备：

序号	名称	规格	数量	备注
1	加热炉		1台	

(2) 材料准备：

序号	名称	规格	数量	备注
1	大布		1块	
2	口罩		1个	
3	手套		1副	
4	防渗膜		1块	

(3) 工具、用具准备：

序号	名称	规格	数量	备注
1	报表		1张	
2	记录笔		1支	
3	烟道疏通专用工具		1套	

（4）气防设施：

序 号	名 称	规 格	数 量	备 注
1	硫化氢检测仪		1块	含硫井(站)
2	正压式空气呼吸器		1套	含硫井(站)

3. 操作程序说明

1）检查加热炉

（1）加热炉温度合适(正常使用的加热炉），符合生产要求。

（2）检查加热炉流程正确，无跑冒滴漏现象，加热炉周围无易燃物。

（3）检查加热炉液位在1/2~2/3之间。

（4）检查加热炉安全附件齐全、完好，在有效期内。

2）操作步骤

（1）记录进出口压力、炉温、干气压力，按照操作规程停炉，确认供气阀关严。

（2）等待5min散尽炉膛内余气。

（3）烟道附近地面铺防渗膜，防止地面污染。

（4）人员佩戴口罩，做好职业健康防护。

（5）打开烟道防爆门。

（6）用专用工具清理烟道，烟道内无积碳、无积灰。

（7）清理烟道后防爆门恢复到位。

（8）检查流程，恢复水套炉生产。

3）填写班报表，清理场地

（1）打扫卫生、收拾工具、用具。

（2）填写报表。

4. 考核规定说明

（1）如发现操作过程中可能发生重大违章(如人身伤害、环境污染、设备损坏等），将终止操作。

（2）考核采用百分制，考核项目得分按鉴定比重进行折算。

（3）考核方式说明：本项目为实际操作题，考核过程按评分标准及操作过程进行评分。

（4）考评技能说明：本项目主要测试考生对烟道清理操作及注意事项的掌握程度。

5. 考核时限

（1）准备工作：1min(不计入考核时间）。

（2）正式操作时间：20min。

（3）提前完成操作不加分，到时终止操作考核。

6. 评分记录表

加热炉烟道清理操作评分记录表

操作时间：20min　　　　考生：　　　　操作用时：

序号	考核内容	操作规程	评分要素	评分标准	配分	扣分	得分
1	准备	1. 穿戴好劳动保护用品； 2. 准备工具、用具：大布、手套、烟道专业清理工具、报表、笔	准备工具、量具、用具	1. 劳动保护用品穿戴不规范扣5分； 2. 未准备工具及材料扣5分，多、少准备一件扣1分	10		
2	气防检查	1. 观察风向，对现场进行有毒有害气体检测； 2. 配备正压式情况呼吸器(含硫化氢井站)	根据检测数据判断是否配戴正压式空气呼吸器(大于20×10^{-6})	1. 未观察风向扣5分； 2. 未检测现场有毒有害气体扣10分； 3. 未配备呼吸器扣10分	20		
3	操作及注意事项	1. 记录进出口压力、炉温、干气压力，按照操作规程停炉，确认供气阀关严； 2. 等待5min散尽炉膛内余气； 3. 烟道附近地面铺防渗膜，防止地面污染； 4. 人员佩戴口罩，做好职业健康防护； 5. 清理烟道后防爆门恢复到位	掌握加热炉烟道清理注意事项	1. 未记录参数扣10分，少记录一项扣2分； 2. 未散炉膛内余气扣5分； 3. 未检查确认干气供气阀门关闭情况扣5分； 4. 地面造成污染扣10分； 5. 人员未采取防护扣10分； 6. 烟道清理不彻底10分； 7. 清理后防爆门安装不合格扣10分； 8. 未恢复水套炉生产扣10分； 9. 未检查水套炉运行扣5分	60		
4	清场地，填报表	1. 清洁现场，收拾工具、用具并清洁； 2 填写报表	填写班报表，收拾清洁工具、场地	1. 未清理现场扣5分，工具少收一件扣2分； 2. 未填写报表扣5分	10		
5	安全文明操作	1. 遵守国家或企业有关安全规定； 2. 操作过程中严格遵守“四不伤害”原则	遵守国家或企业有关安全规定	1. 每违反一项规定，从总分中扣5分； 2. 工具使用不当，每次扣2分，最多扣20分； 3. 因操作不当造成人身伤害、环境污染、设备损坏，从总分中扣20分； 4. 严重违规终止操作			
备注							
合计					100		

考评员：　　　　核分员：　　　　年　月　日

高级工

四十七、离心泵检查与验收操作

1. 考核要求

(1) 必须穿戴劳动保护用品。

(2) 工具、用具准备齐全，正确使用。

(3) 操作规程符合安全文明操作。

(4) 按规定完成操作项目，质量达到技术要求。

(5) 操作完毕，做到“工完、料净、场地清”。

2. 准备要求

(1) 设备准备：

序号	名称	规格	数量	备注
1	离心泵		1台	单级

(2) 材料准备：

序号	名称	规格	数量	备注
1	黄油		1桶	
2	大布		2块	
3	手套		1副	
4	报表		1张	

(3) 工具、量具、用具准备：

序号	名称	规格	数量	备注
1	转速表		1块	
2	测振仪		1台	
3	直尺	300mm	1把	
4	塞尺	100mm	1组	
5	水平仪		1台	
6	螺丝刀	300mm	1把	
7	试电笔	500V	1支	
8	绝缘手套		1只	
9	红外线测温仪		1台	
10	秒表		1块	
11	笔		1支	

3. 操作程序说明

1）准备工作
准备工具、用具和材料。
2）检查设备资料
检查泵出厂资料。
3）检查泵撬基础
（1）检查泵撬水泥基础质量并测水平，确保符合安装要求。
（2）检查预埋件螺栓规格、露头长度，确保符合规范要求。
（3）检查地脚螺栓丝扣是否完好。
（4）拧紧螺母，要求螺栓外露 2～5 扣，各地脚螺栓受力均匀。
4）检查垫铁安装质量
（1）垫铁方位位置要靠近地脚螺栓。
（2）平垫铁与斜垫铁配对使用。
（3）垫铁与基础、底座接触面应均匀，接触面紧密贴合，接触面大于 60%以上。
（4）垫铁组应露出底座 10～30mm。
（5）找水平后要求各组垫铁要点焊接牢靠。
5）检查泵机组水平度
（1）水平仪放置在泵出口法兰处，检测泵机组的纵向偏差和横向偏差。
（2）纵向偏差<0. 05/1000，横向偏差<0. 10/1000。
（3）与建筑轴线距离允许偏差±20mm。
（4）与设备平面位置允许偏差±5mm。
（5）与建筑标高允许偏差±5mm。
6）检查联轴器的同轴度
（1）用钢板尺和塞尺粗检机泵联轴器的上、下、左、右偏差及端面间隙。
（2）用测量工具细致检查联轴器的端面间隙、径向偏差和轴向偏差。

（3）口述两轴同轴度允许偏差：联轴器最大外径尺寸 105～260mm，径向位移 0. 05mm，轴向位移 0. 05mm，倾斜 0. 5/1000；联轴器最大外径尺寸 290～500mm，径向位移 0. 10mm，轴向位移 0. 10mm，倾斜 0. 10/1000。

（4）口述联轴器端面间隙误差：联轴器外形最大直径 105～140mm，间隙值 2～4mm；联轴器外形最大直径 170～220mm，间隙 4～6mm；联轴器外形最大直径 260～330mm，间隙 4～8mm；联轴器外形最大直径 410～500mm，间隙 8～10mm。

（5）联轴器端面间隙范围不包括电机和泵轴窜量在内。
（6）泵找正后对垫铁、地脚螺栓进行复查，合格后进行水泥找平。
7）检查泵的工艺管线
（1）泵的工艺管线安装应以泵的出入口轴线为基准，不得强力结合。
（2）自保护系统的安装调试，应符合技术文件规范。
8）泵的试运转检查

(1) 有冷却系统的应开启冷却水上水阀，并检查冷却水的压力及回水情况。

(2) 检查轴承室润滑油油位、油量、油质。

(3) 检查电动机旋转方向，应与泵轴旋转方向一致。

(4) 盘车检查转子是否灵活。

(5) 电动机空运转时间不得小于 2h，切换流程、灌泵，规范启泵。

(6) 泵运行过程中应无异响，轴承温度符合规范要求。

(7) 检查填料，掐表核实漏失量(10~30 滴/min)，机械密封的不得漏失。

(8) 带负荷运行期间测量振动振幅应符合要求。

(9) 新设备试运行时间为 72h。

(10) 录取设备运行参数。

9) 填写报表，清理场地

(1) 填写报表。

(2) 回收工具用具，清理场地。

4. 考核规定说明

(1) 如操作违章，将停止考核。

(2) 考核采用百分制，考核项目得分按鉴定比重进行折算。

(3) 考核方式说明：本项目为实际操作题，考核过程按评分标准及操作过程进行评分。

(4) 考核技能说明：本项目主要测试考生对离心泵检查与验收掌握的熟练程度。

5. 考核时限

(1) 准备工作：1min(不计入考核时间)。

(2) 正式操作时间：20min。

(3) 提前完成操作不加分，每超过 1min 从总分中扣 2 分，总超时 5min 停止工作，按完成项进行评分。

6. 评分记录表

离心泵检查与验收操作评分记录表

操作时间：20min　　考生：　　操作用时：

序号	考核内容	操作规程	评分要素	评分标准	配分	扣分	得分
1	工具准备	1. 穿戴好劳动保护用品； 2. 转速表、测振仪、直尺、塞尺、螺丝刀、试电笔、绝缘手套、红外线测温仪、水平仪、百分表润滑油、大布、手套、秒表、笔、报表	工具准备	1. 劳保穿戴不整齐扣 5 分； 2. 未准备工具扣 5 分，多、少一件扣 1 分	5		

续表

序号	考核内容	操作规程	评分要素	评分标准	配分	扣分	得分
2	检查设备资料	检查泵出厂资料	资料齐全	未检查出厂资料扣5分	5		
3	检查泵撬基础	1. 检查泵撬水泥基础质量并测水平，确保符合安装要求； 2. 检查预埋件螺栓规格、露头长度，确保符合规范要求； 3. 检查地脚螺栓丝扣是否完好； 4. 拧紧螺母，要求螺栓外露2~5个螺距，各地脚螺栓受力均匀	规范检查	1. 未检查泵撬水泥基础质量扣2分； 2. 未检查预埋件螺栓规格、露头长度，少一项扣2分； 3. 未检查地脚螺栓丝扣是否完好扣1分； 4. 未拧紧螺母扣5分，螺栓外露不符合要求扣2分，各地脚螺栓未均匀受力扣2分	10		
4	检查垫铁安装质量	1. 垫铁方位位置要靠近地脚螺栓； 2. 平垫铁与斜垫铁配对使用； 3. 垫铁与基础、底座接触面应均匀，接触面紧密贴合，接触面大于60%以上； 4. 垫铁组应露出底座10~30mm； 5. 找水平后要求各组垫铁要点焊接牢靠	规范检查	1. 垫铁方位位置不靠近地脚螺栓扣2分； 2. 平垫铁与斜垫铁未配对使用扣2分； 3. 垫铁接触面小于60%扣2分； 4. 垫铁组未露出底座扣2分； 5. 找平后各组垫铁未焊扣5分，焊接不牢靠扣2分	10		
5	检查泵机组水平度	1. 水平仪放置在泵出口法兰处，检测泵机组的纵向偏差和横向偏差； 2. 纵向偏差<0.05/1000，横向偏差<0.10/1000； 3. 与建筑轴线距离允许偏差±20mm； 4. 与设备平面位置允许偏差±5mm； 5. 与建筑标高允许偏差±5mm	规范检查	1. 未使用水平仪检测离心泵纵向、横向偏差扣5分； 2. 2~5项未口述允许偏差，少一项扣3分	20		

续表

序号	考核内容	操作规程	评分要素	评分标准	配分	扣分	得分
6	检查联轴器的同轴度	1. 用钢板尺和塞尺粗检机泵联轴器的上、下、左、右偏差及端面间隙； 2. 用测量工具细致检查联轴器的端面间隙、径向偏差和轴向偏差，判断是否符合规范； 3. 口述：两轴同轴度允许偏差； 4. 口述：联轴器端面间隙误差； 5. 联轴器端面间隙范围不包括电机和泵轴窜量在内； 6. 泵找正后对垫铁、地脚螺栓进行复查，合格后进行水泥找平	规范检查	1. 未测量偏差及端面间隙扣5分，少一处扣2分； 2. 未检查联轴器端面间隙、径向偏差、轴向偏差，少一处扣2分，未判断是否合格扣3分； 3. 3~5项未口述两轴同轴度、联轴器端面间隙误差，少一处扣3分； 4. 找正后未对垫铁、地脚螺栓进行复查扣2分	15		
7	检查泵的工艺管线	1. 泵的工艺管线安装应以泵的出入口轴线为基准，不得强力结合； 2. 自保护系统的安装调试，应符合技术文件规范	规范检查工艺流程	少检查一处扣5分	10		
8	泵的试运转检查	1. 口述：有冷却系统的应开启冷却水上水阀，并检查冷却水的压力及回水情况； 2. 检查轴承室润滑油油位、油量、油质； 3. 检查电动机旋转方向，应与泵轴旋转方向一致； 4. 盘车检查转子是否灵活； 5. 电动机空运转时间不得小于2h，切换流程、灌泵，规范启泵；	规范检查	1. 未口述扣5分； 2. 未检查油位、油质，少一项扣3分； 3. 未检查电动机旋转方向扣3分； 4. 未盘车扣2分； 5. 空运转时间不够扣2分，未切换流程扣3分，流程切改错误扣5分，未灌泵扣2分；	20		

续表

序号	考核内容	操作规程	评分要素	评分标准	配分	扣分	得分
8	泵的试运转检查	6. 泵运行过程中应无异响，轴承温度符合规范要求； 7. 检查填料，掐表核实漏失量（10～30滴/min），机械密封的不得漏失； 8. 带负荷运行期间测量振动振幅应符合要求； 9. 新设备试运行时间为72h； 10. 录取设备运行参数	规范检查	6. 未检测轴承温度扣3分； 7. 未检查填料漏失量扣3分，未口述漏失量扣3分； 8. 未测量振幅扣3分； 9. 未口述试运行时间扣2分； 10. 录取参数少一项扣1分	20		
9	工具收回，做好记录	1. 填写报表； 2. 回收工具用具，清理场地	收拾工具清理场地	1. 填写报表，每少一项扣1分； 2. 未清洁工具、用具扣2分，少收一件扣1分	5		
10	安全操作	1. 遵守国家或企业有关安全规定； 2. 操作过程中严格遵守"四不伤害"原则	遵守国家或企业有关安全规定	1. 每违反一项规定，从总分中扣5分； 2. 严重违规取消考核； 3. 因操作不当造成人身伤害，从总分中扣20分； 4. 工具、用具使用不当，每次从总分中扣2分，最多扣20分			
备注							
合　计					100		

考评员：　　　　　　　　核分员：　　　　　　　　年　月　日

四十八、齿轮泵检查与验收操作

1. 考核要求

(1) 必须穿戴劳动保护用品。
(2) 工具、用具准备齐全，正确使用。
(3) 操作规程符合安全文明操作。
(4) 按规定完成操作项目，质量达到技术要求。
(5) 操作完毕，做到“工完、料净、场地清”。

2. 准备要求

(1) 设备准备：

序　号	名　称	规　格	数　量	备　注
1	齿轮泵		1台	

(2) 材料准备：

序　号	名　称	规　格	数　量	备　注
1	手套		1副	
2	大布		1块	
3	报表		1张	

(3) 工具、量具、用具准备：

序　号	名　称	规　格	数　量	备　注
1	转速表		1块	
2	测振仪		1台	
3	直尺	300mm	1把	
4	塞尺	100mm	1组	
5	红外线测温仪		1部	
6	螺丝刀	300mm	1把	平口

续表

序　号	名　称	规　格	数　量	备　注
7	试电笔	500V	1 支	
8	绝缘手套		1 只	
9	水平仪		1 台	
10	笔		1 支	

3. 操作程序说明

1）准备

准备工具、用具和材料。

2）设备资料验收

（1）检查核对出厂合格证、使用说明书。

（2）检查核对齿轮泵安装、验收和性能试验记录。

（3）检查核对齿轮泵的总装配图、主要零部件图及易损件图等是否齐全。

3）齿轮泵外观验收

（1）检查主辅机的零部件完好。

（2）检查各坚固螺栓，符合技术要求。

（3）检查压盖与填料箱的直径间隙，一般为 0.1~0.3mm。

（4）填料压盖与轴套的径向间隙为 0.75~0.10mm，轴向间隙均匀，相差不大于 0.1mm。

（5）检查填料，口述：切口交错 90°~180°。

（6）检查电机与齿轮泵连接盘连接情况，间隙是否合适。

（7）检查防护罩是否牢固可靠。

4）水泥基础验收

（1）检查泵撬水泥基础质量并测水平，确保符合安装要求。

（2）检查地脚螺栓丝扣是否完好。

（3）检查预埋件螺栓规格，拧紧螺母，要求螺栓外露 2~5 扣，受力均匀。

5）工艺流程验收

（1）泵的工艺管线安装应以泵的出入口轴线为基准，不得强力结合。

（2）检查管线、管件、阀门、支架等安装合理，标志分明，符合要求。

（3）检查压力表等安全附件是否齐全，检验标签在有效期内。

（4）管线规范试压，核对试压报告。

6）齿轮泵运行性能验收

（1）设备润滑良好。

（2）无异常振动、松动、杂音等现象。

（3）机泵温度符合设备技术要求。

（4）流程各连接处无漏失现象。

（5）查看铭牌各项参数能否满足实际生产需要。

(6) 检查轴向密封松紧程度，漏失量控制在 10~30 滴/min。
(7) 新设备试运行时间为 24h。
(8) 录取设备运行参数。
7) 填写报表、清理场地
(1) 填写报表。
(2) 回收工具用具，清理场地。

4. 考核规定说明

(1) 如操作违章，将停止考核。
(2) 考核采用百分制，考核项目得分按鉴定比重进行折算。
(3) 考核方式说明：本项目为实际操作题，考核过程按评分标准及操作过程进行评分。
(4) 考核技能说明：本项目主要测试考生对齿轮泵检查与验收掌握的熟练程度。

5. 考核时限

(1) 准备工作：1min(不计入考核时间)。
(2) 正式操作时间：30min。
(3) 提前完成操作不加分，每超过 1min 从总分中扣 2 分，总超时 5min 停止工作，按完成项进行评分。

6. 评分记录表

齿轮泵检查与验收操作评分记录表

操作时间：30min　　考生：　　操作用时：

序号	考核内容	操作规程	评分要素	评分标准	配分	扣分	得分
1	工具准备	1. 穿戴好劳动保护用品； 2. 手套、大布、转速表、测振仪、直尺、塞尺、红外线测温仪、螺丝刀、试电笔、温度计、水平仪、绝缘手套、笔、报表	工具准备	1. 劳保穿戴不整齐扣 5 分； 2. 未准备工具扣 5 分，多、少一件扣 1 分	5		
2	设备资料验收	1. 检查核对出厂合格证、使用说明书； 2. 检查核对齿轮泵安装、验收和性能试验记录； 3. 检查核对齿轮泵的总装配图、主要零部件图及易损件图等是否齐全	资料齐全	少检查一项扣 2 分	10		

续表

序号	考核内容	操作规程	评分要素	评分标准	配分	扣分	得分
3	齿轮泵外观验收	1. 检查主辅机的零部件完好； 2. 检查各坚固螺栓，符合技术要求； 3. 检查压盖与填料箱的直径间隙，一般为0.1~0.3mm； 4. 填料压盖与轴套的径向间隙为0.75~0.10mm，轴向间隙均匀，相差不大于0.1mm； 5. 检查填料，口述：切口交错90°~180°； 6. 检查电机与齿轮泵连接盘连接情况，间隙是否合适； 7. 检查防护罩是否牢固可靠	规范检查	1. 未检查零部件扣2分； 2. 未检查螺栓连接情况，少一处扣2分； 3. 未检查直径间隙扣2分； 4. 未检查径向间隙扣2分； 5. 未检查轴向间隙扣2分； 6. 未口述，一处扣2分； 7. 未检查连接盘扣2分； 8. 未检查防护罩扣2分	20		
4	水泥基础验收	1. 检查泵撬水泥基础质量并测水平，确保符合安装要求； 2. 检查地脚螺栓是否完好； 3. 检查预埋件螺栓规格，拧紧螺母后螺栓外露2~5扣，受力均匀	规范检查	1. 未检查泵撬基础扣2分； 2. 未检查地脚螺栓扣2分； 3. 未检查预埋件螺栓规格、露头、受力情况，少一处扣2分	10		
5	工艺流程验收	1. 泵的工艺管线安装应以泵的出入口轴线为基准，不得强力结合； 2. 检查管线、管件、阀门、支架等安装合理，标志分明，符合要求； 3. 检查压力表等安全附件是否齐全，检验标签在有效期内； 4. 管线规范试压，核对试压报告	规范检查工艺流程	1. 未检查工艺管线安装情况扣3分； 2. 未检查各连接部件，一处扣2分； 3. 未检查安全附件，一处扣3分； 4. 未检查试压报告扣3分	20		

续表

序号	考核内容	操作规程	评分要素	评分标准	配分	扣分	得分
6	齿轮泵运行性能验收	1. 设备润滑良好； 2. 无异常振动、松动、杂音等现象； 3. 机泵温度符合设备技术要求； 4. 检查流程有无“跑、冒、滴、漏”； 5. 查看铭牌各项参数能否满足实际生产需要； 6. 检查轴向密封松紧程度，漏失量控制在10~30滴/min； 7. 新设备试运行时间为24h； 8. 录取设备运行参数	规范检查	1. 未检查设备润滑情况扣3分； 2. 未检查有无异常扣3分； 3. 未检查机泵温度扣3分； 4. 未检查流程“跑、冒、滴、漏”扣2分； 5. 未查看铭牌各项参数能否满足实际生产需要扣5分； 6. 未检查轴向密封，调整漏失量扣5分； 7. 未口述新泵试运行时间扣5分； 8. 录取参数少一项扣1分	30		
7	填写报表，清理场地	1. 填写报表； 2. 回收工具用具，清理场地	收拾工具，清理场地	1. 未填写数据，少一项扣1分； 2. 未清洁工具、用具扣2分，少收一件扣1分； 3. 未清理场地扣2分	5		
8	安全操作	1. 遵守国家或企业有关安全规定； 2. 操作过程中严格遵守“四不伤害”原则	遵守国家或企业有关安全规定	1. 每违反一项规定，从总分中扣5分； 2. 严重违规取消考核； 3. 因操作不当造成人身伤害，从总分中扣20分； 4. 工具、用具使用不当，每次从总分扣2分，最多扣20分			
备注							
合计					100		

考评员：　　　　核分员：　　　　年　月　日

四十九、螺杆泵的检查与验收操作

1. 考核要求

(1) 必须穿戴劳动保护用品。
(2) 工具、用具准备齐全，正确使用。
(3) 操作规程符合安全文明操作。
(4) 按规定完成操作项目，质量达到技术要求。
(5) 操作完毕，做到“工完、料净、场地清”。

2. 准备要求

(1) 设备准备：

序 号	名 称	规 格	数 量	备 注
1	双螺杆泵		1台	

(2) 材料准备：

序 号	名 称	规 格	数 量	备 注
1	手套		1副	
2	大布		1块	
3	报表		1张	

(3) 工具、量具、用具准备：

序 号	名 称	规 格	数 量	备 注
1	测振仪		1台	
2	直尺	300mm	1把	
3	塞尺	100mm	1组	
4	水平仪		1台	
5	螺丝刀	300mm	1把	平口
6	红外线测温仪		1台	
7	试电笔	500V	1支	
8	绝缘手套		1只	

续表

序号	名称	规格	数量	备注
9	转速表		1块	
10	笔		1支	

3. 操作程序说明

1）准备

准备工具、用具和材料。

2)设备资料验收

(1) 检查核对出厂合格证、使用说明书。

(2) 检查核对螺杆泵安装、验收和性能试验记录。

(3) 检查核对螺杆泵的总装配图、主要零部件图及易损件图等是否齐全。

3）螺杆泵外观验收

(1) 检查主辅机的零部件完好。

(2) 检查各坚固螺栓，符合技术要求。

(3) 检查电机与螺杆泵连接部位的连接情况。

(4) 检查防护罩是否牢固可靠。

4）水泥基础验收

(1) 检查泵撬水泥基础质量并测水平，确保符合安装要求。

(2) 检查地脚螺栓丝扣是否完好。

(3) 检查预埋件螺栓规格，拧紧螺母，要求螺栓外露 2~5 扣，受力均匀。

5）工艺流程验收

(1) 泵的工艺管线安装应以泵的出入口轴线为基准，不得强力结合。

(2) 检查管线、管件、阀门、支架等安装合理，标志分明，符合要求。

(3) 检查压力表等安全附件是否齐全，检验标签在有效期内。

(4) 管线规范试压，核对试压报告。

6）螺杆泵试车验收

(1) 检查润滑系统是否满足工作需要。

(2) 检查电机旋转方向是否正确。

(3) 连接联轴器，调整同心度，盘车，确认无卡阻，无异常响声。

(4) 确认螺杆泵进口过滤器清洁。

(5) 检查进、出口管线确保畅通，排气，出口阀门开度至少 30%，后根据压力逐步调整出口阀门开度。

(6) 启动润滑系统，润滑系统压力应高于泵腔压力 0.05~0.1MPa。

(7) 按启动按钮，启动螺杆泵，调整泵压及润滑站压力。

(8) 检查机泵振幅，振幅小于 0.06mm 为合格。

(9) 检查轴承、电机温度满足设备技术要求。

(10) 口述：试车时间不低于 72h。

（11）按停机按钮停泵，关闭润滑系统。

（12）关闭螺杆泵进出口管线阀门。

（13）口述：复查各连接螺栓紧固牢靠，有松动的须进行调整。

（14）录取设备运行参数。

7）填写报表、清理场地

（1）填写报表。

（2）回收工具用具，清理场地。

4. 考核规定说明

（1）如操作违章，将停止考核。

（2）考核采用百分制，考核项目得分按鉴定比重进行折算。

（3）考核方式说明：本项目为实际操作题，考核过程按评分标准及操作过程进行评分。

（4）考核技能说明：本项目主要测试考生对螺杆泵的检查与验收掌握的熟练程度。

5. 考核时限

（1）准备工作：1min（不计入考核时间）。

（2）正式操作时间：30min。

（3）提前完成操作不加分，每超过1min从总分中扣2分，总超时5min停止工作，按完成项进行评分。

6. 评分记录表

螺杆泵检查与验收操作评分记录表

操作时间：30min　　考生：　　操作用时：

序号	考核内容	操作规程	评分要素	评分标准	配分	扣分	得分
1	工具准备	1. 穿戴好劳动保护用品； 2. 手套、大布、测振仪、直尺、塞尺、水平仪、螺丝刀、红外线测温仪、试电笔、绝缘手套、笔、报表	工具准备	1. 劳保穿戴不整齐扣5分； 2. 未准备工具扣5分，多、少一件扣1分	5		
2	设备资料验收	1. 检查核对出厂合格证、使用说明书； 2. 检查核对齿轮泵安装、验收和性能试验记录； 3. 检查核对齿轮泵的总装配图、主要零部件图及易损件图等是否齐全	资料齐全	每少检查一项扣2分	10		

续表

序号	考核内容	操作规程	评分要素	评分标准	配分	扣分	得分
3	螺杆泵外观验收	1. 检查主辅机的零部件完好； 2. 检查各坚固螺栓，符合技术要求； 3. 检查电机与螺杆泵连接部位连接情况； 4. 检查防护罩是否牢固可靠	规范检查	1. 未检查零部件扣2分； 2. 未检查螺栓连接情况，少一处扣2分； 3. 未检查连接部位扣2分； 4. 未检查防护罩扣2分	15		
4	水泥基础验收	1. 检查泵撬水泥基础质量并测水平，确保符合安装要求； 2. 检查地脚螺栓丝扣是否完好； 3. 检查预埋件螺栓规格，拧紧螺母，要求螺栓外露2~5扣，受力均匀	规范检查	1. 未检查泵撬基础扣2分； 2. 未检查地脚螺栓扣2分； 3. 未检查预埋件螺栓规格、露头、受力情况，少一处扣2分	10		
5	工艺流程验收	1. 泵的工艺管线安装应以泵的出入口轴线为基准，不得强力结合； 2. 检查管线、管件、阀门、支架等安装合理，标志分明，符合要求； 3. 检查压力表等安全附件是否齐全，检验标签在有效期内； 4. 管线规范试压，核对试压报告	规范检查工艺流程	1. 未检查工艺管线安装情况扣3分； 2. 未检查查扣2分； 3. 未检查安全附件，一处扣3分； 4. 未检查试压报告扣3分	15		

续表

序号	考核内容	操作规程	评分要素	评分标准	配分	扣分	得分
6	螺杆泵试车验收	1. 检查润滑系统是否满足工作需要； 2. 检查电机旋转方向是否正确； 3. 连接联轴器，调整同心度，盘车，确认无卡阻，无异常响声； 4. 确认螺杆泵进口过滤器清洁； 5. 检查进、出口管线确保畅通，排气，出口阀门开度至少30%，后根据压力逐步调整出口阀门开度； 6. 启动润滑系统，润滑系统压力应高于泵腔压力0.05~0.1MPa； 7. 按启动按钮，启动螺杆泵，调整泵压及润滑系统压力； 8. 检查机泵振幅，振幅小于0.06mm为合格； 9. 检查轴承、电机温度满足设备技术要求； 10. 口述：试车时间不低于72h； 11. 按停机按钮停泵，关闭润滑系统； 12. 关闭螺杆泵进出口管线阀门； 13. 口述：复查各连接螺栓紧固牢靠，有松动的调整； 14. 录取设备运行参数	规范检查	1. 未检查润滑油扣5分； 2. 未检查确认电机的旋转方向扣5分； 3. 未盘车扣5分； 4. 未检查过滤器扣3分； 5. 未检查进、出口管线是否畅通扣5分，未排气扣3分，出口阀门开度小于30%扣3分； 6. 未检查润滑系统管路管路畅通扣10分，未启动润滑系统启泵终止操作； 7. 启泵后润滑系统压力过低扣5分； 8. 未测振幅扣2分； 9. 未检测电机、螺杆泵轴承温度，每少一处扣2分； 10. 未口述试车时间扣5分； 11. 停螺杆泵前先停润滑系统的终止考核，操作方法不正确扣2分； 12. 停泵后未关闭螺杆泵进、出口管线阀门扣3分； 13. 复查少一处扣2分，有松动未调整的一处扣5分； 14. 未录取参数，少一项扣1分	40		

续表

序号	考核内容	操作规程	评分要素	评分标准	配分	扣分	得分
7	填写验收记录，回收工具	1. 填写验收记录； 2. 回收工具用具，清理场地	规范填写	1. 填写数据，每少一项扣1分； 2. 未清洁工具、用具扣2分，少收一件扣1分	5		
8	安全操作	1. 遵守国家或企业有关安全规定； 2. 操作过程中严格遵守“四不伤害”原则	遵守国家或企业有关安全规定	1. 每违反一项规定，从总分中扣5分； 2. 严重违规取消考核； 3. 因操作不当造成人身伤害，从总分中扣20分； 4. 工具、用具使用不当，每次从总分中扣2分，最多扣20分			
备注							
合计					100		

考评员： 核分员： 年 月 日

五十、柱塞泵检查与验收操作

1. 考核要求

(1) 必须穿戴劳动保护用品。
(2) 工具、量具、用具准备齐全，正确使用。
(3) 操作规程符合安全文明操作。
(4) 按规定完成操作项目，质量达到技术要求。
(5) 操作完毕，做到“工完、料净、场地清”。

2. 准备要求

(1) 设备准备：

序 号	名 称	规 格	数 量	备 注
1	柱塞泵		1 台	

(2) 材料准备：

序 号	名 称	规 格	数 量	备 注
1	黄油		1 桶	
2	大布		1 块	
3	手套		1 副	
4	绝缘手套		1 副	
5	报表		1 张	

(3) 工具、量具、用具准备：

序 号	名 称	规 格	数 量	备 注
1	振动仪		1 台	
2	活动扳手	300mm、375mm	各 1 把	
3	塞尺	100mm	1 把	
4	螺丝刀	300mm	1 把	
5	试电笔	500V	1 支	
6	测温仪		1 台	
7	水平仪		1 台	
8	百分表		1 块	
9	秒表		1 块	
10	小撬杠	300mm	1 根	
11	笔		1 支	

3. 操作程序说明

1）准备工作

准备工具、用具和材料。

2）检查设备资料

（1）检查设备资料是否齐全，主要包括产品说明书、产品合格证、安装图纸、产品试验记录以及合同提供的备件及清单等。

（2）检查设备调拨记录，包括基础验收记录、设备安装记录、机器拆检及组装记录。

3）检查泵撬基础

（1）检查泵撬、水泥基础质量并测水平，确保符合安装要求。

（2）检查各连接螺栓规格统一、露头长度，确保符合规范要求。

（3）螺栓应垂直无歪斜，允许倾斜偏差不得超过螺栓长度的5/1000。

（4）螺栓应无油污和氧化皮，螺纹部分应涂上少量油脂。

（5）拧紧螺母，要求螺栓丝扣外露2~5扣，各地脚螺栓受力均匀。

4）机泵设备检查

（1）机泵设备及附件齐全，无损坏、锈蚀现象，按有关技术文件及规范进行安装及验收。

（2）泵在安装后，电机接地应符合国家安全标准。

（3）检查皮带松紧程度，盘泵有无卡阻现象(3~5圈）。

（4）检查各连接螺栓是否紧固，检查曲轴箱润滑油液位在1/3~1/2之间。

（5）检查各部分阀门开关状态符合试运转要求。

5）检查泵基础水平度

（1）检测泵的纵向偏差和横向偏差，纵向偏差<0. 05/1000，横向偏差<0. 10/1000。

（2）基础轴线与设计要求偏差不得超过±20mm。

（3）基础与设备平面位置允许偏差不得超过±5mm。

6）管道安装与检查

（1）管道安装前，与管道连接的机泵设备须找正合格，紧固完成。

（2）管道法兰与机泵法兰的连接平行度不大于0. 1mm，同轴度不大于0. 2mm。

（3）管道安装应保持横平竖直，误差不大于管段长度的5/1000。

（4）管道安装应稳固，连接螺栓及垫片应符合技术要求。

7）泵运行性能，检查测试

（1）新柱塞泵试运转应按下述规定升压：无负荷(出口阀门全开），运转应不少于30min；正常后，在工作压力的1/4、1/2、3/4的条件下分段运转，且运转时间均应不少于0. 5h；最后，在工作压力下应连续运转4h以上；在前一压力级试运转未合格前，不应进行后一压力级的运转。

（2）泵运行过程中应运行平稳，无异响，轴承温度符合规范要求。

（3）泵的振动值应符合规定。

（4）运行过程中电动机的电压和电流应符合设计要求。

（5）运行中润滑油油位应在观察窗1/3。

（6）检查各附件运行正常，核实柱塞泵排量，做好测试记录。

8）填写报表，清理场地

（1）填写验收报告。

（2）回收工具、用具，清理场地。

4. 考核规定说明

（1）如操作违章，将停止考核。

（2）考核采用百分制，考核项目得分按鉴定比重进行折算。

（3）考核方式说明：本项目为实际操作题，考核过程按评分标准及操作过程进行评分。

（4）考核技能说明：本项目主要测试考生对柱塞泵检查与验收掌握的熟练程度。

5. 考核时限

（1）准备工作：1min（不计入考核时间）。

（2）正式操作时间：30min。

（3）提前完成操作不加分，每超过 1min 从总分中扣 2 分，总超时 5min 停止工作，按完成项进行评分。

6. 评分记录表

柱塞泵检查与验收操作评分记录表

操作时间：30min　　　　考生：　　　　操作用时：

序号	考核内容	操作规程	评分要素	评分标准	配分	扣分	得分
1	工具准备	1. 穿戴好劳动保护用品； 2. 准备工具：黄油、大布、手套、绝缘手套、振动仪、活动扳手各、塞尺、螺丝刀、试电笔、测温仪、水平仪、百分表、秒表、小撬杠、笔、报表	准备工具、用具	1. 劳保穿戴不整齐扣 5 分； 2. 未准备工具扣 5 分，多、少一件扣 1 分	5		
2	检查设备资料	1. 检查设备资料是否齐全，主要包括产品说明书、产品合格证、安装图纸、产品试验记录以及合同提供的备件及清单等； 2. 检查设备调拨记录，主要包括基础验收记录、设备安装记录、机器拆检及组装记录等	资料齐全	1. 未检查设备资料，一处扣 2 分； 2. 未检查设备记录，一处扣 2 分	5		

续表

序号	考核内容	操作规程	评分要素	评分标准	配分	扣分	得分
3	检查泵撬基础	1. 检查泵撬、水泥基础质量并测水平，确保符合安装要求； 2. 检查各连接螺栓规格统一、露头长度，确保符合规范要求； 3. 螺栓应垂直无歪斜，允许倾斜偏差不得超过螺栓长度的5/1000； 4. 螺栓应无油污和氧化皮，螺纹部分应涂上少量油脂； 5. 拧紧螺母，要求螺栓丝扣外露 2～5扣，各地脚螺栓受力均匀	规范检查	1. 泵撬、基础检查不到位扣 2 分； 2. 螺栓检查不到位，一处扣 2 分	10		
4	机泵设备检查	1. 机泵设备及附件齐全，无损坏、锈蚀现象，并应按有关的技术文件及规范要求进行安装及验收； 2. 泵在安装后，电机接地应符合国家安全标准； 3. 检查皮带松紧程度，盘泵有无卡阻现象(5~10 圈）； 4. 检查各连接螺栓是否紧固； 5. 检查曲轴箱润滑油液位在 1/3 ～ 1/2之间； 6. 检查各部分阀门开关状态符合试运转要求	规范检查	1. 机泵设备及附件检查不到位，一处扣 2 分； 2. 电机接地不规范扣 3 分； 3. 未检查皮带扣 3 分，未盘泵扣 5 分； 4. 未检查各连接螺栓，一处扣 2 分； 5. 未检查润滑油液位扣 3 分； 6. 未检查阀门状态，一处扣 2 分	20		
5	检查泵基础水平度	1. 检测泵的纵向偏差和横向偏差，纵向偏差＜0. 05/1000，横向偏差<0. 10/1000； 2. 基础轴线与设计要求偏差不得超过±20mm； 3. 基础与设备平面位置允许偏差不得超过±5mm	规范检查	1. 泵的偏差检测错误，一处扣 2 分； 2. 基础偏差检测错误扣 2 分； 3. 基础与设备偏差检查错误扣 2 分	10		

续表

序号	考核内容	操作规程	评分要素	评分标准	配分	扣分	得分
6	管道安装与检查	1. 管道安装前，与管道连接的机泵设备须找正合格，紧固完成； 2. 管道法兰与机泵法兰的连接平行度不大于 0.1mm，同轴度不大于 0.2mm； 3. 管道安装应保持横平竖直，误差不大于管段长度的 5/1000； 4. 管道安装应稳固，连接螺栓及垫片应符合技术要求	规范检查	未检查出管道安装错误，一处扣 2 分	15		
7	泵运行性能检查测试	1. 新柱塞泵试运转应按下述规定升压：无负荷（出口阀门全开），运转应不少于 30min；正常后，在工作压力的 1/4、1/2、3/4 的条件下分段运转，且运转时间均应不少于 0.5h；最后，在工作压力下应连续运转 4h 以上；在前一压力级试运转未合格前，不应进行后一压力级的运转； 2. 泵运行过程中应运行平稳，无异响，轴承温度符合规范要求； 3. 泵的振动值应符合规定； 4. 运行过程中电动机的电压和电流应符合设计要求； 5. 运行中润滑油油位应在观察窗 1/3； 6. 检查各附件运行正常； 7. 核实柱塞泵排量； 8. 做好测试记录	规范检查工艺流程	1. 新柱塞泵未按步骤试运转，一处扣 5 分； 2. 温度和声音少一处扣 2 分； 3. 未检测泵的振动值扣 2 分； 4. 未检测电压、电流扣 2 分； 5. 未检查油位扣 2 分； 6. 未检查各附件，一件扣 2 分； 7. 未核实泵排量扣 5 分； 8. 未做测试记录扣 5 分	30		
8	填写报表，清理场地	1. 填写验收报告； 2. 回收工具用具，清理场地	收拾工具，清理场地	1. 未清理现场扣除 3 分； 2. 工具少收一件扣 1 分； 3. 未填写报表扣 2 分	5		

续表

序号	考核内容	操作规程	评分要素	评分标准	配分	扣分	得分
9	安全文明操作	1. 遵守国家或企业有关安全规定； 2. 操作过程中严格遵守“四不伤害”原则	遵守国家或企业有关安全规定	1. 每违反一项规定，从总分中扣5分； 2. 严重违规取消考核； 3. 因操作不当造成人身伤害，从总分中扣20分； 4. 不正确使用工具、用具，扣分项在安全文明操作项内扣除，一次扣2分，最多扣20分			
备注							
合　　计					100		

考评员：　　　　　　核分员：　　　　　　年　月　日

五十一、计算机操作

1. 考核内容及要求

（1）根据试题要求，完成 Word、Excel、PowerPoint 的录入、编辑、排版、处理。

（2）计算机平台为 Windows XP，并安装 Microsoft Office 2007。

（3）计算机系统仅提供王码五笔(86 版）、陈桥五笔、万能五笔、QQ 五笔、智能 ABC、全拼、微软拼音、搜狗拼音、QQ 拼音九种输入法。

2. 准备要求

设备准备：

序　号	名　称	规　格	数　量	备　注
1	计算机		1 台	
2	U 盘	32G	1 个	

3. 操作说明

（1）按照试题要求完成文件夹、文件的命名。

（2）分别完成 Word、Excel、PowerPoint 共 3 个文件内容的录入、编辑、排版、处理。

4. 考核规定说明

（1）严禁作弊，违者终止操作。

（2）考评员宣布时间到时，必须起身离机，不得继续操作，否则视为作弊。

（3）由于考生自身原因导致文件无法保存或异常关机的，其后果由考生自行负责。

（4）考核采用百分制。

（5）考核方式说明：本项目为实际操作题，考核过程按评分标准及操作过程进行评分。

（6）考核技能说明：本项目主要测试考生对计算机操作项目掌握的熟练程度。

5. 考核时限

（1）准备时间为：5min，主要是考生确认计算机运行平稳，满足考试要求。

（2）正式操作时间为：90min。

（3）提前完成操作不加分，到时终止操作，按完成项进行评分。

6. 评分记录表

计算机操作评分记录表

操作时间：90min　　　　考生：　　　　操作用时：

序号	考核内容	操作规程	评分要素	评分标准	配分	扣分	得分
1	Windows部分	1. 完成文件夹的基本操作； 2. 完成文件的基本操作	规范命名	1. 文件夹命名错误扣2分； 2. 文件的复制、移动操作每错一个扣2分	5		
2	Word部分	1. 完成文档标题命名； 2. 完成文档中文字的录入、排版、编辑等考试要求； 3. 完成文档格式设置； 4. 完成文件保存	规范录入	1. Word文件命名错误扣2分； 2. 文档标题字体错扣1分，字号错扣1分； 3. 每错一字扣0.5分，每漏一字扣0.5分，每错、漏一个字符或标点、符号扣0.25分； 4. 格式设置错一处扣2分； 5. 文件保存位置错扣2分	40		
3	Excel部分	1. 完成工作表命名； 2. 完成表格表头、标题、表格内容录入； 3. 完成数据的统计、计算、制表等考试要求； 4. 按照试卷要求完成文件的页面设置； 5. 完成文件保存	规范录入	1. Excel命名错误扣2分； 2. 文档标题字体错扣1分，字号错扣1分； 3. 每错一字扣0.5分，每漏一字扣0.5分，输入数字错误每处扣0.5分，每少输一个数字扣0.5分，统计数据错误每错一处扣2分； 4. 格式设置错一处扣2分； 5. 文件保存位置错扣2分	30		
4	PowerPoint部分	1. 完成PowerPoint文件命名； 2. 按照试卷完成PPT制作； 3. 完成文件保存	规范制作	1. PowerPoint文件命名错误扣2分； 2. 未按试卷要求完成，每少一项扣5分，每错一处扣1分； 3. 文件保存位置错扣2分	25		
5	安全操作	1. 考生自行完成拷贝，并保存到指定的存储器上 2. 规范着装	保存拷贝，遵守规定	违反相关规定的取消考核			
备注							
合计					100		

考评员：　　　　核分员：　　　　年　月　日

五十二、柱塞泵更换进排液阀操作

1. 考核要求

(1) 必须穿戴劳动保护用品。

(2) 工具、准备齐全，正确使用。

(3) 操作规程符合安全文明操作。

(4) 按规定完成操作项目，质量达到技术要求。

(5) 操作完毕，做到“工完、料净、场地清”。

2. 准备要求

(1) 设备准备：

序 号	名 称	规 格	数 量	备 注
1	柱塞泵	5ZB-20/42	1 台	

(2) 材料准备：

序 号	名 称	规 格	数 量	备 注
1	大布		2 块	
2	帆布手套		2 台	
3	绝缘手套		1 台	
4	清洗剂		1 桶	
5	阀体		5 个	
6	进、排液阀片		各 5 个	
7	排液阀内弹簧		5 个	
8	排液阀外弹簧		5 个	
9	进液阀弹簧		5 个	
10	阀体加布圈		5 个	
11	“O”型圈		20 个	

(3) 工具、用具准备：

序 号	名 称	规 格	数 量	备 注
1	套筒	36mm	1 套	
2	平口起子		2 把	
3	撬杠	80cm	2 把	

续表

序　号	名　称	规　格	数　量	备　注
4	十字套筒	19mm	1把	
5	梅花扳手		1把	
6	大口接油桶		1个	
7	榔头		1把	
8	防油塑料布		4 m^2	
9	警示牌		2块	禁止合闸、停运
10	试电笔		1支	

3. 操作程序说明

1）准备

准备全工具、用具和材料。

2）停泵操作

（1）完全打开出口管线上的回流阀，关闭出口阀，使泵转入空载运转。

（2）验电，确认安全，按停止按钮，停泵，挂禁止合闸警示牌。

（3）验电，确认安全，拉闸断电。

（4）停泵后关闭泵进口阀和回流阀门。

（5）排尽泵腔内余压。

（6）记录停泵时间，挂停运指示牌。

3）拆除进排液阀操作

（1）用防渗膜将泵周围涉及到的地方铺好，工具摆放整齐。

（2）用36mm的套筒扳手将泵头压紧的螺丝拆松，先拆下4颗螺丝，留对角2颗螺母缓慢松动，若法兰自动后移，则泵头内有余压，再次确认余压泄净后拆除螺丝。

（3）用撬杠对角撬开压紧法兰，用接油桶把泵腔内余液放净后，双手抓紧压紧法兰平行拉出。

（4）用平口起子将阀体外侧加布圈取出，用十字套筒扳手左右转动排液阀固定螺栓，阀体松动后用手将阀体取出，依次将进液阀片、进液阀弹簧及内加布圈取出。

（5）用19mm的梅花扳手将排液阀螺丝从阀体上拆下，将所有拆下的组件清洗干净，检查阀组件的完好性和密封性，检查弹簧是否断裂，弹性是否正常，更换不合格配件。

（6）检查泵头缸体内是否完好，有无伤痕。

4）安装进排液阀操作

（1）将进液阀弹簧安装到进液阀片上和阀体内侧加布圈依次装入泵头缸体内。

（2）将排液阀片、排液阀内外弹簧和排液阀弹簧座组装到阀体上上紧，安装到泵头缸体内。

（3）将阀体外侧加布圈装入泵头缸体内，之后双手抓紧压紧法兰平行的安装到泵头上，上紧压紧法兰上的六颗螺丝，整个安装过程要确保流畅，不得有卡阻现象，不得使用蛮力，固定螺栓要对角紧固。

(4) 参照3)、4)步骤依次将剩余其他缸的进排液阀更换完毕。

5) 启泵前的检查

(1) 检查供电系统是否正常(仪表、电压、电缆线)。

(2) 检查进、出口压力表。

(3) 检查机油液位是否符合要求，高度为1/2~2/3。

(4) 清除泵周围杂物，检查各部螺栓是否紧固。

(5) 检查电机接地线是否完好。

(6) 检查泵各连接部位有无渗漏现象。

(7) 打开进、出口阀门、回流阀，排气。

(8) 盘泵3~5圈，运动机构不得有卡阻、异响，泵头内无异常声响。

6) 启泵操作

(1) 验电，确认安全，摘警示牌，送电。

(2) 合上电源，按启动按钮，启泵空转。

(3) 缓慢关回流阀，提压，直到达到要求压力为止。

7) 启泵后的检查

(1) 检查电机电流、电压值是否正常。

(2) 检查机泵温度、声音、振幅是否正常。

(3) 检查底座螺栓有无松动。

(4) 检查各密封部位无漏、滴。

(5) 检查皮带传动是否打滑或其他异常情况。

(6) 检查压力是否稳定。

(7) 检查润滑油，应在视窗的1/3~1/2处。

(8) 挂设备运行指示牌。

(9) 录取数据(压力、启泵时间)。

8) 清理现场

(1) 清洁收回工具。

(2) 填写相关记录。

4. 考核规定说明

(1) 如发现操作过程中可能发生重大违章(如人身伤害、环境污染、设备损坏等)，将终止操作。

(2) 考核采用百分制，考核项目得分按鉴定比重进行折算。

(3) 考核方式说明：本项目为实际操作题，考核过程按评分标准及操作过程进行评分。

(4) 考评技能说明：本项目主要测试考生对柱塞泵更换进排液阀操作掌握的熟练程度。

5. 考核时限

(1) 准备工作：1min(不计入考核时间)。

(2) 正式操作时间：60min。

(3) 提前完成操作不加分，到时终止操作考核。

6. 评分记录表

柱塞泵更换进排液阀操作评分记录表

操作时间：60min　　　　考生：　　　　操作用时：

序号	考核内容	操作规程	评分要素	评分标准	配分	扣分	得分
1	准备	1. 穿戴好劳动保护用品； 2. 准备工具及用具：大布、手套、绝缘手套、报表、钟表、记录笔、试电笔、清洗剂、防渗膜、进液阀片、进排液阀片各、液阀弹簧、排液阀片、加布圈、套筒、平口起子、撬杠、十字套筒、接油桶、榔头、警示牌	准备工具、用具	1. 劳动保护用品穿戴不规范扣5分； 2. 未准备工具及材料扣5分，少准备一件扣1分	5		
2	停泵操作	1. 完全打开出口管线上的回流阀，关闭出口阀，使泵转入空载运转； 2. 验电，确认安全，按停止按钮，停泵，挂禁止合闸警示牌； 3. 验电，拉闸断电； 4. 停泵后关闭泵进口阀和回流阀门； 5. 排尽泵腔内余压； 6. 记录停泵时间，挂停运牌	降压停泵、验电、断电、打开回流阀关闭进出口阀、泄压、记录时间、挂警示牌	1. 未降压停泵扣5分； 2. 未断电扣2分； 3. 未泄压扣5分； 4. 未记录时间扣2分； 5. 未挂警示牌口2分	10		

续表

序号	考核内容	操作规程	评分要素	评分标准	配分	扣分	得分
3	拆除进排液阀操作	1. 用防渗膜将泵周围涉及到的地方铺好，工具摆放整齐； 2. 用36mm的套筒扳手将泵头压紧法兰的6颗螺丝拆松，先拆下4颗螺丝，留2颗对角螺母慢慢松动，注意压紧法兰要是自动后移，证明泵头内有余压，再次确认压力泄净后拆除剩余的两颗螺丝； 3. 用撬杠对角撬开压紧法兰，用接油桶把泵腔内余油放净后双手抓紧压紧法兰平行拉出； 4. 用平口起子将阀体外侧加布圈取出，用十字套筒扳手左右转动排液阀固定螺栓，阀体松动后用手将阀体取出，依次将进液阀片、进液阀弹簧及内加布圈取出； 5. 用19mm的梅花扳手将排液阀从阀体上拆下，将所有拆下的组件清洗干净，检查阀组件的完好性和密封性，检查弹簧是否断裂，弹性是否正常，更换不合格配件； 6. 检查泵头缸体内是否完好，有无伤痕	防渗处理、顺序拆除阀组件、接污油、检查弹簧、检查缸体	1. 未做防渗处理扣2分 2. 未顺序拆除进排液阀扣5分； 3. 未检查弹簧完好度扣5分； 4. 未检查缸体完好度扣5分	15		

续表

序号	考核内容	操作规程	评分要素	评分标准	配分	扣分	得分
4	安装进排液阀操作	1. 将进液阀弹簧安装到进液阀片上和阀体内侧加布圈依次装入泵头缸体内； 2. 将排液阀片、排液阀内外弹簧和排液阀弹簧座组装到阀体上上紧，安装到泵头缸体内； 3. 将阀体外侧加布圈装入泵头缸体内，之后双手抓紧压紧法兰平行的安装到泵头上，上紧压紧法兰上的六颗螺丝．整个安装过程要确保流畅，不得有卡阻现象，不得使用蛮力，固定螺栓要对角紧固； 4. 参照3、4步骤依次将剩余其他缸的进排液阀更换完毕	进液弹簧安装、加布圈安装、排液阀片安装、排液弹簧安装、蛮力安装	1. 未安装要求安装组件扣5分； 2. 安装顺序错误扣5分； 3. 漏装组件扣5分； 4. 蛮力安装扣5分	20		
5	启泵前检查	1. 检查供电系统是否正常（仪表、电压、电缆线）； 2. 检查进、出口压力表； 3. 检查机油液位是否符合要求，高度为1/2~2/3； 4. 清除泵周围杂物，检查各部螺栓是否紧固； 5. 检查电机接地线是否完好； 6. 检查泵各连接部位有无渗漏现象； 7. 打开进、出口阀门、回流阀，排气； 8. 盘泵3~5圈，运动机构不得有卡阻、异响，泵头内无异常声响	检查电力系统、检查进出口压力表、检查机油液位、检查固定螺栓、检查密封部位渗漏、开进出口阀门、排空气、盘泵检查异响	1. 未检查电力系统扣2分； 2. 未检查机油液位扣2分； 3. 未检查压力表扣2分； 4. 未检查机油液位扣2分； 5. 未检查固定螺栓扣2分； 6. 未检查渗漏扣5分； 7. 未开进出口阀门扣5分； 8. 未盘泵检查异响扣5分； 9. 未排空气扣2分	20		

续表

序号	考核内容	操作规程	评分要素	评分标准	配分	扣分	得分
6	启泵操作	1. 验电，确认安全，摘警示牌，送电； 2. 合上电源，按启动按钮，启泵空转； 3. 缓慢关回流阀，提压，直到达到要求压力为止	验电、送电、提压	1. 未验电扣5分； 2. 未送电扣5分； 3. 未提压扣5分	10		
7	启泵后检查	1. 检查电机电流、电压值是否正常； 2. 检查机泵温度、声音、振幅是否正常； 3. 检查底座螺栓有无松动； 4. 检查各密封部位无漏、滴； 5. 检查皮带传动是否打滑或其他异常情况； 6. 检查压力是否稳定； 7. 检查润滑油，应在视窗的1/3~1/2处； 8. 挂设备运行指示牌； 9. 录取数据(压力、启泵时间)	检查泵工况运行值、检查密封部位高压运行情况、检查泵压力值、检查机油液位、录取参数	1. 未检查泵工况扣5分； 2. 未检查密封处渗漏情况扣5分； 3. 未检查压力值扣2分； 4. 未检查机油液位扣2分； 5. 未录取参数扣2分	15		
8	清理现场	1. 清洁收回工具、废旧材料； 2. 填写相关记录	清洁现场、回收工具、回收废旧材料、填写相关记录	1. 未清理现场扣5分； 2. 未回收工具扣5分； 3. 未回收旧料扣2分； 4. 未填写记录扣2分	5		
9	安全文明操作	1. 遵守国家或企业有关安全规定； 2. 操作过程中严格遵守“四不伤害”原则	遵守国家或企业有关安全规定	1. 每违反一项规定，从总分中扣5分； 2. 因操作不当造成人身伤害、环境污染、设备损坏，从总分中扣20分； 3. 严重违规终止操作			
备注							
		合　计			100		

考评员：　　　　　　　　核分员：　　　　　　　　年　月　日

五十三、柱塞泵更换柱塞及填料函操作

1. 考核要求

(1) 必须穿戴劳动保护用品。
(2) 工具、量具、用具准备齐全，正确使用。
(3) 操作规程符合安全文明操作。
(4) 按规定完成操作项目，质量达到技术要求。
(5) 操作完毕，做到“工完、料净、场地清、设备干净”。

2. 准备要求

(1) 设备准备：

序　号	名　称	规　格	数　量	备　注
1	柱塞泵	5ZB-12/42	1台	

(2) 材料准备(依据机泵型号选取相应规格配件)：

序　号	名　称	规　格	数　量	备　注
1	大布		2块	
2	手套		2副	
3	绝缘手套		1副	
4	清洗剂		1瓶	
5	防油布		$4m^2$	
6	填料函		1件	
7	填料		20个	
8	柱塞		1根	
9	填料函压帽		1件	
10	压盖衬套		1件	
11	导向环		1件	
12	柱塞弹簧、弹簧座		各1件	
13	夹布密封垫		1件	
14	润滑油脂		1桶	

(3) 工具、用具准备：

序　号	名　称	规　格	数　量	备　注
1	套筒、梅花扳手	36mm、19~22	各1套	
2	手锤		1把	
3	通芯平口起子		1把	
4	撬杠		1根	

续表

序 号	名 称	规 格	数 量	备 注
5	压帽松紧棒		1 根	
6	铜棒		1 根	
7	试电笔		1 支	

3. 操作程序说明

1）维修前检查

（1）检查，断电拉闸，并悬挂警示牌。

（2）检查柱塞泵进出口及回流阀门是否处于关闭状态。

（3）检查进出口管线及泵头压力是否落零，并排尽泵腔内介质。

2）拆卸步骤操作规程

（1）松开柱塞连接卡子，盘车使柱塞与推杆分离。

（2）拆卸 4 条填料函压紧法兰螺帽。

（3）摇晃并旋转填料函，使填料函凸台与压紧法兰凸台错开，取下填料函(可用撬棍轻轻撬动）。

（4）用压帽松紧棒卸下填料函压帽，依次取下填料函内柱塞、压盖衬套、填料、弹簧座、弹簧、导向环。

（5）清洗旧填料函及所有配件。

3）安装步骤操作规程

（1）新填料函内依次放入导向环、柱塞弹簧、弹簧座。

（2）填料涂抹润滑油(脂）后放入填料函内，填料斜口接对整齐，每根填料接口位置依次 120°错开(参考装入 4~5 根填料）。

（3）首先装入压盖衬套后再装上填料函压帽，锁紧至压盖衬套与填料稍微受力。

（4）清洁柱塞表面并涂抹润滑油(脂）后从填料函前端插入，若柱塞进入函体的过程较紧时，可用铜棒敲打。

（5）填料函后端放入夹布密封垫，填料函凸台与填料函压紧法兰缺口对正，装入填料函并旋转使其凸台与压紧法兰凸台对齐。

（6）均匀对角拧紧法兰压紧螺母，使柱塞与推杆处于同心位置，如有偏差，必须重新调整(检验标准是轻轻盘车，使推杆顶端定位凸台自然进入柱塞定位孔，严禁使用外力强行进入)。

（7）盘车使推杆与柱塞对接后装好柱塞连接卡。

（8）适当调整填料函压帽松紧度。

（9）盘车检查泵是否有卡阻、碰撞等异常现象。

（10）倒通流程，启泵试运行，调整柱塞漏失量。

（11）收拾工具，清理现场。

4. 考核规定说明

（1）如发现操作过程中可能发生重大违章(如人身伤害、环境污染、设备损坏等），将终止操作。

（2）考核采用百分制，考核项目得分按鉴定比重进行折算。
（3）考核方式说明：本项目为实际操作题，考核过程按评分标准及操作过程进行评分。
（4）考评技能说明：本项目主要测试考生对柱塞泵更换柱塞及填料函操作掌握的熟练程度。

5. 考核时限

（1）准备工作：3min（不计入考核时间）。
（2）正式操作时间：60min。
（3）提前完成操作不加分，到时终止操作考核。

6. 评分记录表

柱塞泵更换柱塞及填料函操作评分记录表

操作时间：60min　　考生：　　操作用时：

序号	考核内容	操作规程	评分要素	评分标准	配分	扣分	得分
1	准备	1. 穿戴好劳动保护用品； 2. 准备工具、用具； 3. 准备所需材料、配件	准备工具、量具、用具、材料、配件	1. 劳动保护用品穿戴不规范扣5分； 2. 未准备工具及材料及配件扣5分，多、少准备一件扣1分	10		
2	维修前检查	1. 检查是否断电拉闸，并悬挂警示牌； 2. 检查柱塞泵进出口及回流阀门是否处于关闭状态； 3. 检查进出口管线及泵腔内压力是否归零，并排尽泵腔内介质	对柱塞泵流程、电力、泵压的检查，泵腔内介质的排空，确认生产安全	1. 未断电拉闸断电，并悬挂警示牌扣5分； 2. 未检查柱塞泵进出口及回流阀门是否关闭扣5分 3. 未检查检查进出口管线及泵腔内压力是否落零，并排尽泵腔内介质扣10分	20		
3	拆卸步骤	1. 松开柱塞卡子，盘车使柱塞与推杆分离； 2. 松开4条填料函压紧法兰螺帽； 3. 摇晃并旋转填料函，使填料函凸台与压紧法兰凸台错开，取下填料函（可用撬棍轻轻撬动）； 4. 用压帽松紧棒卸下填料函压帽，依次取下填料函内柱塞、压盖衬套、填料、弹簧座、弹簧、导向环； 5. 清洗旧填料函及所有配件	填料函的拆卸步骤与拆卸速度，工具的正确使用	1. 拆卸步骤不正确扣5分； 2. 工具使用不正确，每次扣2分，设备造成损伤扣5分； 3. 未清洗旧填料函及所有配件扣5分	15		

续表

序号	考核内容	操作规程	评分要素	评分标准	配分	扣分	得分
4	安装步骤	1. 填料函内依次放入导向环、柱塞弹簧、弹簧座； 2. 填料涂抹润滑油（脂）后，放入填料函内，填料斜口接对整齐，每根填料接口位置依次 120° 错开（建议装入 4～5 根填料）； 3. 装入压盖衬套后再装上填料函压帽，锁紧至压盖衬套与填料稍微受力； 4. 清洁柱塞表面，从填料函前端插入，若柱塞进入函体的过程较紧时，可用铜棒敲打； 5. 填料函后端放入夹布密封垫，填料函凸台与填料函压紧法兰缺口对正，装入填料函并旋转使其凸台与压紧法兰凸台对齐； 6. 均匀对角拧紧法兰压紧螺母，使柱塞与推杆处于同心位置，如有偏差，必须重新调整； 7. 盘车使推杆与柱塞对接后装好柱塞连接卡； 8. 适当调整填料函压帽松紧度； 9. 盘车检查泵是否有卡阻、碰撞等异常现象； 10. 倒通流程，启泵试运行，调整柱塞漏失量； 11. 清洁现场及设备，收拾工具	填料函及柱塞的安装步骤、安装精准度，工具的正确使用，收拾工具，清洁场地及设备	1. 安装填料函步骤不正确，未按操作规程操作扣 3 分； 2. 填料斜口接对不整齐，每根填料接口位置未错开扣 3 分； 3. 法兰压紧螺母，柱塞与推杆未处于同心位置，如有偏差扣 3 分； 4. 配件少装、漏装扣 5 分； 5. 工具使用不正确，每次扣 2 分，配件及设备造成损伤扣 5 分； 6. 安装完成后，未盘车，未检查有无碰撞、卡顿等异常现象扣 5 分； 7. 未倒通流程，启泵试运行扣 5 分； 8. 未调整填料函压帽松紧度扣 2 分； 9. 未清理现场扣 3 分； 10. 工具及旧配件少收一件扣 1 分	35		

续表

序号	考核内容	操作规程	评分要素	评分标准	配分	扣分	得分
5	安全文明操作	1. 遵守国家或企业有关安全规定； 2. 操作过程中严格遵守“四不伤害”原则	遵守国家或企业有关安全规定	1. 每违反一项规定，从总分中扣5分； 2. 因操作不当造成人身伤害、环境污染、设备损坏，从总分中扣20分； 3. 严重违规终止操作	20		
备注							
合计					100		

考评员： 核分员： 年 月 日

五十四、刮板流量计维护保养操作

1. 考核要求

(1) 必须穿戴劳动保护用品。
(2) 工具、量具、用具准备齐全，正确使用。
(3) 操作规程符合安全文明操作。
(4) 按规定完成操作项目，质量达到技术要求。
(5) 操作完毕，做到"工完、料净、场地清"。

2. 准备要求

(1) 设备准备：

序号	名称	规格	数量	备注
1	刮板流量计		1台	

(2) 材料准备：

序号	名称	规格	数量	备注
1	大布		1块	
2	黄油枪		1把	
3	手套		1副	
4	机油加注壶	长嘴	1把	
5	甘油加注枪		1把	
6	甘油		1瓶	
7	润滑油		1桶	

(3) 工具、量具、用具准备：

序号	名称	规格	数量	备注
1	秒表		1块	
2	计算器		1个	
3	记录纸	A4	1张	
4	笔		1支	

3. 操作程序说明

1）流量计停运

（1）记录流量计进出口压力及温度。

（2）打开流量计旁通阀门或启用备用流量计。

（3）关闭流量计出口阀门。

（4）关闭流量计进口阀门。

（5）记录流量计表头数值、停运时间。

（6）打开过滤器、流量计排污阀泄压，关闭排污阀。

2）停用后流量计维护保养

（1）应经常往弹簧盖油杯中加20#机油，润滑精度修正器，大约每工作10d加油一次，较长时间停用后重新使用时，应首先加注润滑油。

（2）出轴密封机构上的压注式油杯，应每工作10d压入甘油一次，每次约2mL。

（3）要经常清洗过滤器，以防止网眼堵塞，降低压力损失，清洗时间间隔可以根据过滤器前后压力差决定，清洗时如果发现过滤网有破碎，应及时更换过滤网。

（4）所有零件在装配之前应清洗干净，对计数机构、精度修整器等齿轮啮合处加黄油润滑，轴承处用20#机油润滑。

（5）在使用过程中，要经常监听、检查流量计运转是否正常，如发现有异常应立即停运检修。

（6）流量计使用一段时间后，要进行清洗、标定，标定周期一般为一年。拆洗流量计如发现零部件磨损，必须进行修理或更换零件，然后重新标定。

3）流量计启运

（1）缓慢打开流量计进口阀门，过滤器、流程后端压力表考克进行排气，见液关闭。

（2）稳压5min，观察有无渗漏。

（3）若发现渗漏，应先关闭进口阀门后进行紧固。

（4）缓慢打开流量计出口阀。

（5）观察转子、表头运行是否正常。

（6）记录投运时间及流量计底数。

（7）关闭流量计旁通阀门或停用备用流量计。

（8）运转正常后，计算流量。

4）注意事项

（1）在使用流量计时，应熟悉流量计的技术性能，并了解流量计的使用规范。流量计的最佳使用范围为20%~80%。

（2）流量计使用前，必须把流量计腔内的气体排干净，否则会影响流量计的测量精度，排气时，拧松排气螺塞待气体排尽，然后轻轻拧紧至液体不在溢出即可，不应拧得过紧，以避免损坏密封面。

（3）停止使用时，应先缓慢关闭出口阀门，以避免流体倒流造成流量计损坏。

4. 考核规定说明

(1) 如操作违章，将停止考核。

(2) 考核采用百分制，考核项目得分按鉴定比重进行折算。

(3) 考核方式说明：本项目为实际操作题，考核过程按评分标准及操作过程进行评分。

(4) 测量技能说明：本项目主要测试考生对刮板流量计维护保养操作掌握的熟练程度。

5. 考核时限

(1) 准备工作：1min(不计入考核时间）。

(2) 正式操作时间：15min。

(3) 提前完成操作不加分，到时停止操作。

6. 评分记录表

刮板流量维护保养操作评分记录表

操作时间：15min　　考生：　　操作用时：

序号	考核内容	操作规程	评分要素	评分标准	配分	扣分	得分
1	准备	1. 穿戴好劳动保护用品； 2. 准备工具：大布、黄油枪、手套、机油加注壶、秒表、计算器、记录纸、笔、甘油、甘油加入枪、润滑油	准备工具、量具、用具	1. 劳保穿戴不整齐扣5分； 2. 未准备工具扣5分，多、少一件扣1分	5		
2	流量计停运	1. 记录流量计进出口压力及温度； 2. 打开流量计旁通阀门或启用备用流量计； 3. 关闭流量计出口阀门； 4. 关闭流量计进口阀门； 5. 记录流量计表头数值、停运时间； 6. 打开过滤器、流量计排污阀泄压，关闭排污阀	按规定正确停用流量计	1. 未记录流量计进出口压力及温度每少一项扣1分； 2. 未打开流量计旁通阀门或启用备用流量计扣5分； 3. 阀门漏关或操作不规范扣2分； 4. 漏记一项扣2分； 5. 未泄压扣2分； 6. 未排污扣2分，未关闭排污阀扣10分	25		

续表

序号	考核内容	操作规程	评分要素	评分标准	配分	扣分	得分
3	流量计的维护保养	1. 应经常往弹簧盖油杯中加 20#机油，润滑精度修正器，加油间隔大约每工作10d一次，较长时间停用后重新使用时，应首先加注润滑油； 2. 出轴密封机构上的压注式油杯，应每工作10d压入甘油一次，每次约2mL； 3. 要经常清洗过滤器，以防止网眼堵塞，降低压力损失，清洗时间间隔可以根据过滤器前后压力差决定，清洗时如果发现过滤网有破碎，应及时更换过滤网； 4. 所有零件在装配之前应清洗干净，对计数机构、精度修整器等储的齿轮啮合处加黄油润滑，轴承处用20#机油润滑； 5. 在使用过程中，要经常监听、检查流量计运转是否正常，如发现有异常的声音或计数器轧、跳、不转，应立即停运检修； 6. 流量计使用一段时间后，要进行清洗、标定，标定周期一般为一年；流量计在拆洗时，如果发现零部件磨损，必须进行修理或更换零件，然后重新标定	按规范操作	1. 未按要求往弹簧油杯中加20#机油扣10分； 2. 未按要求压入甘油扣10分； 3. 未检查、清洗滤网扣10分； 4. 零件装配之前未清洗，加黄油润滑扣6分； 5. 使用过程中未经常监听、查看流量计扣6分； 6. 使用一段时间后，未清洗，标定扣6分	40		

续表

序号	考核内容	操作规程	评分要素	评分标准	配分	扣分	得分
4	流量计启运	1. 缓慢打开流量计进口阀门，过滤器、流程后端压力表考克进行排气，见液关闭； 2. 稳压5min，观察有无渗漏； 3. 若发现渗漏，应先关闭进口阀门后进行紧固； 4. 缓慢打开流量计出口阀； 5. 观察转子、表头运行是否正常； 6. 记录投运时间； 7. 关闭流量计旁通阀门或停用备用流量计； 8. 运转正常后，计算流量	按规定正确启用流量计	1. 开关阀不规范扣2分； 2. 稳压时间不够扣1分，观察不到位2分； 3. 发现渗漏未紧固扣3分；未排气扣5分，气排不净扣2分，跑油此项不得分； 4. 没记录时间扣2分； 5. 未关闭流量计旁通阀门或停用备用流量计扣3分； 6. 计算流量不对扣3分	20		
5	清理场地	清洁现场，收拾工具，做好相应记录	收拾工具，清洁场地	1. 未清理现场，从总分中扣5分； 2. 工具少收一件，从总分中扣2分	10		
6	安全文明操作	1. 遵守国家或企业有关安全规定； 2. 操作过程中严格遵守“四不伤害”原则； 3. 投运、停运过程中造成憋压、泄漏事故，立即停止操作，取消参赛资格	遵守国家或企业有关安全规定	1. 每违反一项规定，从总分中扣5分； 2. 因操作不当造成人身伤害，从总分中扣20分； 3. 严重违规取消考核； 4. 不正确使用工具、用具，扣分项在安全文明操作项内扣除；一次扣2分，最多扣20分			
备注							
				合　计	100		

考评员：　　　　核分员：　　　　年　月　日

五十五、更换磁翻板液位计操作

1. 考核要求

(1) 必须穿戴劳动保护用品。
(2) 工具、量具、用具准备齐全，正确使用。
(3) 操作规程符合安全文明操作。
(4) 按规定完成操作项目，质量达到技术要求。
(5) 操作完毕，做到“工完、料净、场地清”。

2. 准备要求

(1) 设备准备：

序号	名称	规格	数量	备注
1	常压或压力容器		1台	具备操作

(2) 材料准备：

序号	名称	规格	数量	备注
1	大布		1块	
2	手套		1副	
3	同型号液位计		1套	
4	金属缠绕垫片	2mm	2个	

(3) 工具、用具准备：

序号	名称	规格	数量	备注
1	正压式空气呼吸器		1台	硫化氢井(站)
2	四合一检测仪		1台	
3	活动扳手	375mm	1把	
4	梅花扳手	27~30、30~32	2把	
5	平口螺丝刀	300mm	1把	
6	刮刀		1把	
7	污油桶		1只	

3. 操作程序说明

1) 检查工具、用具

检查工具、用具及可用性，须符合本次操作使用要求。

2）组装检查新液位计

（1）检查液位计型号、量程与旧液位计相同。

（2）检查浮球无裂痕。

（3）检查浮筒内是否清洁，无杂物。

（4）将液位计浮球装入浮筒内(磁极朝上），活动浮球检查显示板是否变色。

（5）检查正常后，安装底部法兰，对角上紧螺栓。

（6）检查显示板全是白色。

（7）浮球应轻拿轻放，以免损坏。

3）倒流程操作

（1）先关闭下流阀门，后关闭上流阀门。

（2）开放空阀门泄压至污油桶内。

（3）有上部丝堵的，应卸掉上部丝堵。

4）拆卸法兰卸上下法兰，取出旧法兰垫片。

5）清理法兰密封面

用刮刀、大布清理干净法兰密封面。

6）安装液位计

（1）先连接液位计上法兰，带上 3 个螺栓；后连接液位计下法兰，带上 3 个螺栓。

（2）在两法兰之间加金属缠绕垫并调整至中间位置。

（3）用扳手对角均匀紧固所有螺栓。

7）试压

（1）关放空阀门。

（2）先缓慢打开上流阀门，对液位计进行试压，不渗不漏后开下流阀门观察液位至稳定状态。

（3）若试压过程中发现渗漏，应关闭上流阀门泄压后再对法兰进行紧固，关闭排污阀，试压合格后，开启上下流阀门。

8）清理场地

清洁现场，收拾工具，做好相应记录。

4. 考核规定说明

（1）如操作违章，将停止考核。

（2）考核采用百分制，考核项目得分按鉴定比重进行折算。

（3）考核方式说明：本项目为实际操作题，考核过程按评分标准及操作过程进行评分。

（4）测量技能说明：本项目主要测试考生对更换磁浮子液位计技能掌握的熟练程度。

5. 考核时限

（1）准备工作：1min(不计入考核时间）。

（2）正式操作时间：15min。

（3）提前完成操作不加分，到时停止操作考核。

6. 评分记录表

更换磁翻板液位计操作评分记录表

操作时间：15min　　考生：　　操作用时：

序号	考核内容	操作规程	评分要素	评分标准	配分	扣分	得分
1	准备	1. 穿戴好劳动保护用品； 2. 准备工具：大布、手套、同型号液位计、金属垫片若干、开口扳手、梅花扳手、平口螺丝刀、刮刀、污油桶	准备工具、量具、用具	1. 劳保穿戴不整齐扣5分； 2. 未准备工具扣5分，多、少一件扣2分	10		
2	组装检查新液位计	1. 检查液位计型号、量程与旧液位计相同； 2. 检查浮球无裂痕； 3. 检查浮筒内是否清洁，无杂物； 4. 将液位计浮球装入浮筒内(磁极朝上)，活动浮球检查显示板是否变色； 5. 检查正常后，安装底部法兰，对角上紧螺栓； 6. 检查显示板全是白色； 7. 浮球应轻拿轻放，以免损坏	组装液位计并对液位计进行检查	1. 未检查新液位计型号、量程扣5分； 2. 未检查浮球，扣2分； 3. 未检查浮筒扣2分； 4. 浮球方向安装错误扣2分，未活动浮球检查面板扣2分； 5. 未对角上螺栓扣2分； 6. 未检查面板扣2分； 7. 磕碰浮球，每次扣2分	15		
3	倒流程操作	1. 先关闭下流阀门，后关闭上流阀门，阀门应处于完全关闭状态； 2. 开放空阀门泄压至污油桶内； 3. 有上部丝堵的，应卸掉上部丝堵	关闭上下流阀门并泄压	1. 未关上下流阀门该项不得分； 2. 上下流阀门开关顺序错扣3分； 3. 开关方向错，一次扣2分； 4. 阀门未关严扣2分； 5. 未放空泄压扣5分	10		
4	卸上下法兰取法兰垫片	1. 用扳手对角卸掉下流阀门法兰螺栓； 2. 用扳手对角卸掉上流阀门法兰螺栓； 3. 取出法兰垫片	卸下法兰连接螺栓，取出法兰垫片	1. 未对角卸松螺栓扣2分； 2. 上下流阀门拆卸顺序错扣3分	5		

续表

序号	考核内容	操作规程	评分要素	评分标准	配分	扣分	得分
5	清理法兰密封面	用刮刀、大布清理干净法兰密封面	清理法兰密封面	1. 未清理法兰面扣10分； 2. 清理法兰面不侧身扣3分，清理不规范扣2分； 3. 清理法兰面不干净，每个扣5分	10		
6	安装液位计	1. 在法兰垫片两面均匀涂抹黄油； 2. 先连接液位计上法兰，带上3个螺栓；后连接液位计下法兰，带上3个螺栓； 3. 在两法兰之间加密封垫并调整至中间位置； 4. 用扳手对角均匀紧固全部螺栓	法兰垫片两面涂抹黄油，对角上紧螺栓	1. 液位计装反、未安装法兰垫片该项不得分； 2. 安装步骤错误扣5分； 3. 未对角均匀紧固螺栓扣5分； 4. 法兰垫片未在中间位置扣2分	25		
7	试压	1. 关放空阀门； 2. 先缓慢打开上流阀门，对液位计进行试压，不渗不漏后开下流阀门观察液位至稳定状态； 3. 若试压过程中发现渗漏，应关闭上流阀门泄压后再对法兰进行紧固，关闭排污阀，试压合格后，开启上、下流阀门	关放空，开上下流阀门试压	1. 未关放空扣5分； 2. 开关阀门顺序错误扣5分； 3. 不泄压紧固法兰螺栓扣10分； 4. 法兰渗漏扣5分，刺漏(连续水线)扣10分	15		
8	清理场地	清洁现场，收拾工具，做好相应记录	收拾工具，清洁场地	1. 未清理现场除5分； 2. 工具少收一件，从总分中扣2分	10		
9	安全文明操作	1. 遵守国家或企业有关安全规定； 2. 操作过程中严格遵守"四不伤害"原则	遵守国家或企业有关安全规定	1. 每违反一项规定，从总分中扣5分； 2. 因操作不当造成人身伤害，从总分中扣20分； 3. 严重违规取消考核； 4. 不正确使用工具、用具，扣分项在安全文明操作项内扣除；一次扣2分，最多扣20分			
备注							
		合　计			100		

考评员：　　　　　　　　　　　　核分员：　　　　　　　　　　　　年　月　日

五十六、高压自控流量仪(LZDK型)参数调整操作

1. 考核要求

(1) 必须穿戴劳动保护用品。
(2) 工具、量具、用具准备齐全，正确使用。
(3) 操作规程符合安全文明操作。
(4) 按规定完成操作项目，质量达到技术要求。
(5) 操作完毕，做到“工完、料净、场地清”。

2. 准备要求

(1) 设备准备：

序号	名称	规格	数量	备注
1	流量仪	LZDK型	1台	

(2) 材料准备：

序号	名称	规格	数量	备注
1	记录笔		1支	
2	报表		1张	
3	绝缘手套		1只	
4	大布		1块	
5	手套		1副	
6	功号设定及含义说明书		1张	

(3) 工具、用具准备：

序号	名称	规格	数量	备注
1	试电笔		1支	

（4）气防设施准备：

序　号	名　称	规　格	数　量	备　注
1	硫化氢检测仪		1台	含硫井(站)
2	正压式空气呼吸器		1套	含硫井(站)

3. 操作程序说明

显示面板上从左到右依次为设置键●、增加键◢、减少键◤、确认键■。

1）设置键●的三种功能

（1）单独按住1s以上，进入设置瞬时流量。

（2）与■一起按下，进入工号参数设置。

（3）与◢或◤一起按下，光标左移、右移。

2）增加键◢的三种功能

（1）在参数修改状态：单独按下，使参数增加1(光标位)。

（2）在参数修改状态：与●一起按下，使光标左移。

(3)在功号修改状态：单独按下，使功号增加1。

3）减小键◤的三种功能

（1）在参数修改状态：单独按下，使参数减小1(光标位)。

（2）在参数修改状态：与●一起按下，使光标右移。

（3）在功号修改状态：单独按下，使功号减小1。

4）确认键■的四种功能

（1）与●一起按下，进入数据设置。

（2）在功号修改状态：按下时，确认被修改的功号，进入参数修改。

（3）在参数修改状态，按下时，确认被修改的参数，进入功号修改状态。

（4）累计流量清零(标定状态下）。

注意：修改参数，要先找到对应的功号，再进入参数修改，最后退出保存。

4. 参数修改调整的操作

1）准备工作

（1）必须做好自身防护工作，劳保必须穿戴整齐。

（2）观察风向，对现场进行有毒有害气体检测。

（3）检查流程有无跑冒滴漏，流程是否导通确认无误，确认流量计前后阀门开启，旁通阀关闭。

（4）用试电笔确认二级配电柜无电后，人站侧面戴绝缘手套合闸送电，在用试电笔确认流量计外壳无电后，观察电源指示灯亮后方可操作。

（5）记录时间、流量仪底数。

2）根据生产要求调整参数

单独按住● 1s以上，进入设置瞬时流量。按◢设置瞬时流量增加，按◤设置瞬时流量减少，等待3~4s后流量计自动回至原界面，观察流量计自动调整情况。

3）功号修改调整(即功能代号，仪表共有49项功能，分别用不同数字代替其功能含义)

（1）先按住■，再按下⊡，进入数据修改，上屏显示出闪烁的功号“XX”，表示进入功号修改状态；上屏显示参数“XX”，表示直接进入参数修改状态。按■，将切换到功号修改状态。

（2）在显示功号“XX”时，按动◢或◤，功号将会改变。

（3）当显示到你需要的功号时，按下■，既可进行参数修改，这时上屏显示参数“XX”。

（4）光标位置的改变：按住⊡，同时按一下◢，光标左移；按住⊡，同时按一下◤，光标右移。当光标位于需要修改位置时，松开按键。

（5）单独按动◢或◤，光标位的数值会改变。改变光标的位置，修改其他的参数位，当参数修改好后，按一下 ⊡，切换到功号修改状态，如果还有其他的参数修改，回到功号修改的第二步，如果退出参数修改，向下执行。

4）参数调整后退出保存数据

有两种退出方式，保存退出和忽略退出(被修改的参数只在内存中）。

（1）保存退出：使功号为49，连续按两次 ⊡，把参数永久保存并退出数据设置。

（2）忽略退出：如果不想永久保存参数，使功号等于48，连续按两次⊡即退出。

5）记录参数，清理现场

（1）将相关数据填入班报表。

（2）收拾工具，清理现场。

5. 考核规定说明

（1）如发现操作过程中可能发生重大违章(如人身伤害、环境污染、设备损坏等），将终止操作。

（2）考核采用百分制，考核项目得分按鉴定比重进行折算。

（3）考核方式说明：本项目为实际操作题，考核过程按评分标准及操作过程进行评分。

（4）考评技能说明：本项目主要测试考生对高压自控流量仪参数调整操作技能掌握的熟练程度。

6. 考核时限

（1）准备工作：1min(不计入考核时间）。

（2）正式操作时间：8min。

（3）提前完成操作不加分，到时停止操作考核。

7. 图解

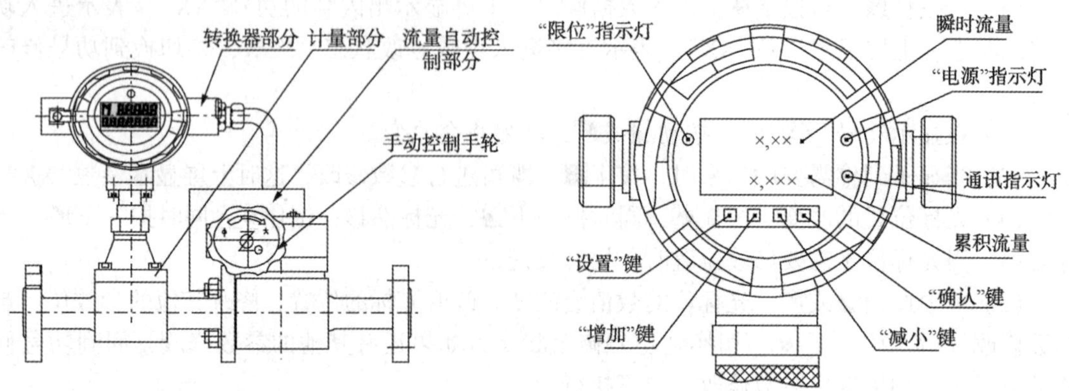

图 56-1　结构组成

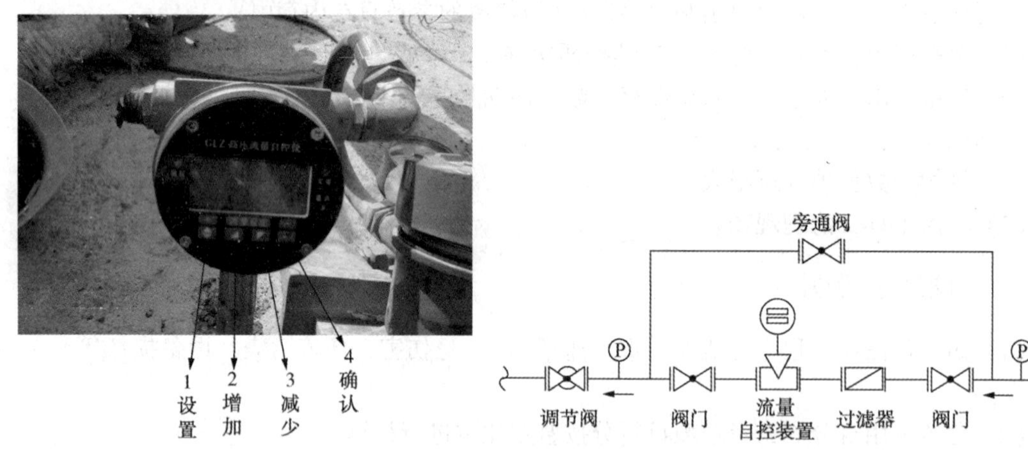

图 56-2　控制器操作说明图示　　　图 56-3　井口掺稀管线控制示意图

8. 功号设定及含义说明

DN25 规格工号设定		DN50 规格工号设定		工号含义注释
工号编码	设定值	工号编码	设定值	
32	0	32	0	累积显示精度
33	0	33	0	瞬时显示分辨率
34	1	34	1	流量切除，默认为 7Hz
35	1	35	1	瞬时流量稳定度设定
36	6	36	8	分频系数，与通讯有关的数据
37	266	37	366	步幅控制值，数值增加表示步幅增大，须满足稳定度为基础
38	0	38	0	出厂启封固定值，4 个 5 的改成 4 个 1，按确认键返回(4 个 0 的不改)

续表

DN25 规格工号设定		DN50 规格工号设定		工号含义注释
工号编码	设定值	工号编码	设定值	
39	2350	39	540	基本流量系数(出厂时已设定)
40	2	40	2	瞬时流量单位和累积流量单位
41	3	41	2	瞬时值小数点位置，关联通讯程序
42	4	42	3	累积值小数点位置，关联通讯程序
43	1	43	1	段数/通讯协议，关联 RS485 通讯正常
44	1	44	1	通讯号，关联 RS485 通讯正常
45	9600	45	9600	波特率，关联 RS485 通讯正常
46	0/8	46	0/8	0→RS485 通讯，8→电流输出，关联 RS485 通讯正常
47	0	47	0	累计清零：置入 0000，为清零
48	—	48	—	版本号(固定值)，不保存退出
49	—	49	—	无设定值，保存退出

注：其余工号编码内容仅属工厂生产调试和测试内容(K00~K07：标定的 8 点系数；K08~K15：标定点的百分数；K16~K23：8 个分界点；K24~K31：8 个标定点）不必修改。主要是看一下 36 和 39，41、42 项按表格上参数修改即可。

9. 评分记录表

高压自控流量仪(LZDK 型）参数调整操作评分记录表

操作时间：8min　　考生：　　操作用时：

序号	考核内容	操作规程	评分要素	评分标准	配分	扣分	得分
1	准备	1. 穿戴好劳动保护用品； 2. 准备工具：大布、手套、绝缘手套、验电笔、笔、报表、功号设定说明书、硫化氢检测仪、正压式呼吸器	准备工具、用具	1. 劳保穿戴不整齐扣 5 分； 2. 未准备工具及材料扣 10 分，多、少准备一件扣 2 分	10		
2	参数调整前检查	1. 核对井号确认信息； 2. 观察风向，对现场进行有毒有害气体检测，做好防范措施； 3. 检查流程有无跑冒滴漏；流程是否导通确认无误，确认流量计前后闸门开启，旁通阀关闭； 4. 用试电笔确认流量计外壳无电后，观察电源指示灯亮后方可操作； 5. 记录时间、流量仪底数	确认流程、送电、录取参数	1. 未核对井号确认信息扣 5 分； 2. 未落实检查流程有无跑冒滴漏；流程是否导通确认无误，确认流量计前后闸门开启，旁通阀关闭等作业扣 5 分； 3. 含硫化氢井未对现场进行有毒有害气体检测扣 5 分，未做防范措施扣 10 分； 4. 未记录时间、流量仪底数扣 5 分，漏一项扣 2 分； 5. 未用试电笔确认扣 5 分，人未站侧面扣 5 分，未观察电源指示灯亮扣 10 分	20		

续表

序号	考核内容	操作规程	评分要素	评分标准	配分	扣分	得分
3	参数瞬时流量调整操作	单独按住●1s以上，进入设置瞬时流量。按◢键设置瞬时流量增加，按◤键设置瞬时流量减少，等待3~4s后流量计自动回至原界面，观察流量计自动调整情况	严格按操作步骤操作	1. 不会设置参数，终止操作； 2. 数据显示错误扣5分； 3. 操作次序颠倒扣10分	30		
4	功号参数调整操作	1. 先按住■，再按下●，进入数据修改，上屏显示出闪烁的功号“××”，表示进入功号修改状态；上屏显示参数“××”，表示直接进入参数修改状态；按■，将切换到功号修改状态； 2. 在显示功号“××”时，按动◢或◤，功号将会改变； 3. 当显示到你需要的功号时，按下■，既可进行参数修改，这时上屏显示参数“××”； 4. 光标位置的改变：按住●，同时按一下◢，光标左移；按住●，同时按一下◤，光标右移，当光标位于需要修改位置时，松开按键； 5. 单独按动◢或◤，光标位的数值会改变；改变光标的位置，修改其他的参数位，当参数修改好后，按一下●，切换到功号修改状态，如果还有其他的参数修改，回到功号修改的第二步，如果退出参数修改，向下执行	严格按操作步骤操作	1. 不会设置参数，终止操作； 2. 数据显示错误扣5分； 3. 操作次序颠倒扣10分	30		

续表

序号	考核内容	操作规程	评分要素	评分标准	配分	扣分	得分
5	参数调整后退出保存数据	1. 保存退出：使功号为49，连续按两次●，把参数永久保存并退出数据设置； 2. 忽略退出：如果不想永久保存参数，使功号等于48，连续按两次●，即退出	严格按操作步骤操作	1. 不会设置参数，终止操作； 2. 数据显示错误扣5分； 3. 操作次序颠倒扣10分	10		
6	填写报表，清理现场	1. 将相关数据填入班报表； 2. 收拾工具，清理现场	规范填写班报表，清理现场	1. 未填写班报表扣5分，漏填一项扣2分； 2. 未清理扣5分，未收拾工具扣5分，少收一件扣2分			
7	安全文明操作	1. 遵守国家或企业有关安全规定； 2. 操作过程中严格遵守“四不伤害”原则	遵守国家或企业有关安全规定	1. 每违反一项规定，从总分中扣5分； 2. 因操作不当造成人身伤害，从总分中扣20分； 3. 严重违规取消考核			
备注							
合计					100		

考评员：　　　　　　　　　　核分员：　　　　　　　　　　年　月　日